印 顺 法 师 佛 学 著 作 系 列

中观今论

释印顺 著

中華書局

图书在版编目(CIP)数据

中观今论/释印顺著. —北京:中华书局,2010.6(2025.6重印)
(印顺法师佛学著作系列)
ISBN 978-7-101-07485-7

Ⅰ.中… Ⅱ.释… Ⅲ.中观-研究 Ⅳ.B946.9

中国版本图书馆CIP数据核字(2010)第130441号

书　　名	中观今论
著　　者	释印顺
丛 书 名	印顺法师佛学著作系列
责任编辑	朱立峰
封面设计	毛　淳
责任印制	管　斌
出版发行	中华书局 (北京市丰台区太平桥西里38号　100073) http://www.zhbc.com.cn E-mail:zhbc@zhbc.com.cn
印　　刷	三河市鑫金马印装有限公司
版　　次	2010年6月第1版 2025年6月第10次印刷
规　　格	开本/880×1230毫米　1/32 印张6⅛　插页2　字数122千字
印　　数	14801-15800册
国际书号	ISBN 978-7-101-07485-7
定　　价	36.00元

“印顺法师佛学著作系列”出版说明

释印顺(1906—2005),当代佛学泰斗,博通三藏,著述宏富,对印度佛教、中国佛教的经典、制度、历史和思想作了全面深入的梳理、辨析与阐释,取得了一系列重要学术成果,成为汉语佛学研究的杰出典范。同时,他继承和发展了太虚法师的人生佛教思想,建立起自成一家之言的人间佛教思想体系,对二十世纪中叶以来汉传佛教的走向产生了深刻影响,受到佛教界和学术界的的高度重视。

经台湾印顺文教基金会授权,我局于 2009 年出版《印顺法师佛学著作全集》(23 卷),系统、全面地介绍了印顺法师的佛学研究成果和思想,受到学术界、佛教界的广泛欢迎。应读者要求,我局今推出“印顺法师佛学著作系列”,将印顺法师的佛学著作以单行本的形式逐一出版,以满足不同领域读者的研究和阅读需要。为方便学界引用,《全集》和“系列”所收各书页码完全一致。

“印顺法师佛学著作系列”的编辑出版以印顺文教基金会提供的台湾正闻出版社出版的印顺法师著作为底本,改繁体竖排为简体横排。以下就编辑原则、修订内容，以及与正闻版的区别等问题，略作说明。

编辑原则

编辑工作以尊重原著为第一原则，在此基础上作必要的编辑加工，以符合大陆的出版规范。

修订内容

由于原作是历年陆续出版的，各书编辑体例、编辑规范不一。我们对此作了适度统一，并订正了原版存在的一些疏漏讹误，主要包括以下几项：

1. 原书讹误的订正：

正闻版的一些疏漏之处，如引文、纪年换算、人名、书名等，本版经仔细核查后予以改正。

2. 标点符号的订正：

正闻版的标点符号使用不合大陆出版规范处甚多，本版作了较大幅度的订正。特别是正闻版对于各书中出现的经名、品名、书名、篇名，或以书名号标注，或以引号标注，或未加标注；本版则对书中出现的经名（有的书包括品名）、书名、篇名均以书名号标示，以方便读者。

3. 梵巴文词汇的删削订正：

正闻版各册（特别是专书部分）大都在人名、地名、名相术语后一再重复标出梵文或巴利文原文，不合同类学术著作惯例，且影响流畅阅读。本版对梵巴文标注作了适度删削，同时根据《望月佛教大辞典》、平川彰《佛教汉梵大辞典》、荻原云来《梵和大辞典》等工具书，订正了原版的某些拼写错误。

4. 原书注释中参见作者其他相关著作之处颇多，为方便读者查找核对，本版各书所有互相参见之处，均分别标出正闻版和本版两种页码。

5. 原书中有极少数文字不符合大陆通行的表述方式，征得著作权人同意，在不改变文义的前提下，略作删改。

印顺法师佛学著作对汉语佛学研究有极为深广的影响，同时在国际佛学界的影响也日益突出。我们希望"印顺法师佛学著作系列"的出版，有助于推进我国的佛教学以及相关学科的研究。

中华书局编辑部

二〇一一年三月

目　　录

自　序

一

在师友中，我是被看作研究三论或空宗的。我曾在《为性空者辨》中说到：我不能属于空宗的任何学派，但对于空宗的根本大义，确有广泛的同情！

空宗——圣龙树的论典，对我可说是有缘的。早在民国十六年，我开始阅读佛典的时候，第一部即是《中论》。《中论》的内容，我什么都不明白，但一种莫名其妙的爱好，使我趋向佛法，终于出了家。出家后，曾一度留意唯识，但不久即回归空宗——嘉祥的三论宗。抗战开始，我西游四川，接触到西藏传的空宗。那时，我对于佛法的理解发生重大的变革，不再以玄谈为满足，而从初期圣典中领略到佛法的精神。由于这一番思想的改变，对于空宗，也得到一番新的体认，加深了我对于空宗的赞仰。三十一、二年，时断时续地讲说《中论》，由演培笔记，整理成《中论讲记》的初稿。关于初期——阿含、毗昙——圣典的空观，曾作广泛的考察，三十三年秋，为妙钦、续明等说，由妙钦记出，这可以名为《性空学探源》,与我另一作品——《唯识学探源》同一性质。经这一番考察,对于性空的理解增明不少,确信性空为佛法的根本教义。三十五年春,曾以"性空导论"为题,开讲于汉藏教理院。原拟定分"性空的发展史略"、"性空的方法论"、"性空的实践"三编,但为了匆促的东归,连"性空的发展史略"部分,都没有完成,这是非常可惜的。三十六年冬,在雪窦寺编纂《太虚大师全书》,应海潮音社的稿约,决以"中观今论"为题,随讲随刊;听众能听懂的,仅有续明与星森二人。我本想写(或讲)一"性空思想史",上编为阿含之空、阿毗昙之空;中编为性空大乘经之空、中观论之空;下编为真常者之空、唯识者之空、中观者之空——共为七章。《性空学探源》,即初编约十万字。后五章,非五六十万字不可。处在这社会极度动乱的时代,学友时常劝我,要我略谈中观正义,所以先摘取"中观论之空"而讲为《中观今论》。但体裁不同,不免简略得多了!《今论》并不代表空宗的某一派,是以龙树《中论》为本,《智论》为助,出入诸家而自成一完整的体系。本论完成于社会变动日急的今日,回想《中论》与我的因缘,二十多年来给我的法喜,不觉分外的欢喜!

二

中观学值得称述的精义,莫过于"大小共贯"、"真俗无碍"。龙树论以为:有情的生死,以无明为根源,自性见为戏论的根本。解脱生死的三乘圣者,体悟同一的法性空寂,同观无我无我所而得悟。三法印即是一实相印,三解脱门同缘实相。这样的三乘共空，对于从来的大小相诤，可得一合理的论断。声闻三藏与摩诃衍——大乘，一向被诤论着。一分声闻学者，以《阿含》等三藏为佛说，斥大乘为非佛说；现在流行于锡兰、暹罗、缅甸的佛教，还是如此。一分大乘学者，自以为不共二乘，斥声闻为小乘，指《阿含》为小乘经，以为大乘别有法源。如唯识学者，在"爱非爱缘起"外，别立大乘不共的"自性缘起"；以为菩萨所证法性空，是声闻所不能证的。中国的台、贤、禅、净，在大乘法中，还自以为胜他一层，何况乎小乘！这样，对大小的同源异流，由于宗派的偏见，再也不能正确地把握！今依龙树论说：三藏确是多说无我的，但无我与空，并非性质有什么不同。大乘从空门入，多说不生不灭，但生灭与不生灭，其实是一。"缘起性空"的佛法真义，启示了佛教思想发展的实相。释尊本是多说无常无我的，但依于缘起的无常无我，即体见缘起空寂的。这所以缘起甚深，而缘起的寂灭性更甚深，这所以缘起被称为"空相应缘起"，被赞为"法性法住法界"。一分学者重视事相，偏执生灭无常与无我；一分学者特别重视理性，发挥不生不灭的性空，这才互不相谅而尖锐地对立起来。他们同源而异流，应该是共同的教源，有此不即不离的相对性，由于偏重发展而弄到对立。本来，初期的大乘经，如《十地经》以悟无生法忍为同于二乘的；《般若经》以无生法忍能摄二乘智断的，以先尼的因信得解来证明大乘的现观；《金刚经》以"若以色见我"颂明佛身等，都确认三乘圣者成立于同一的理证——法性空寂，哪里如执小执大者所说？所以《中论》的抉择《阿含经》义；《智论》的引佛为长爪梵志说法，《众义经》偈等来明第一义谛，不是呵斥声闻，不是偏赞大乘，是引导学者复归于释尊本义的运动。唯有从这样的思想中,能看出大小乘的分化由来,能指斥那些畸形发展而遗失释尊本义的乱说!中观学能抉择释尊教义的真相,能有助于佛教思想发展史的理解,这是怎样的值得我们尊重!

三

如果有人说:佛法偏于理性,偏于出世,那佛弟子会一致地出来否认,因为佛法是真俗无碍的。真俗无碍,是生死即涅槃、世间即出世的。独善的、隐遁的,甚至不乐功德,不想说法的学者,沉醉于自净其心的涅槃,忽略自他和乐、依正庄严的一切。在他们,世间与出世间,是那样的隔别!释尊的正觉内容,受到苦行厌离时机的歪曲。一分学者起来贬斥他,揭示佛法真俗无碍的正义。真俗无碍,可从解行两方面说:解即俗事与真理,是怎样的即俗而恒真,又真而不碍俗。行即事行与理证,怎样的依世间福智事行的进修而能悟入真性,契入真性而能不废世间的福智事行。无论是理论、实践,都要贯彻真俗而不相碍。依中观者说:缘起法是相依相成而无自性的,极无自性而又因果宛然的。所以,依即空的缘起有,安立世间事相,也依即有的缘起空显示出世。得这真俗相依的无碍解,才能起真俗相成的无碍行。所以菩萨入世利生,门门都是解脱门。缘起法是"处中之说",不偏于事,不偏于理;事相差别而不碍理性平等,理性一如而不碍事相差别。在同一的缘起法中,成立事相与理性,而能不将差别去说理,不将平等去说事,这才能恰合事理的样子而如实知。

一般自以为真俗无碍的学者，不知“处中之说”，谈心说性，每不免偏于“相即”，偏于“理同”。这或者忽略事行；或者执理废事；或者破坏事相的差别性，时空的局限性，落入破坏缘起事——是非、善恶、因果等的大混沌！自以为无碍，而不知早是一边。不知缘起法，不能从缘起中去统贯真俗，这也难怪要不偏于事，即偏于理了！

近来有人——好像是牟宗三说：辩证法但于本体论有用。这只是说得一边，与唯物论者的辩证法偏于事相一样。须知缘起法，近于辩证法，但这是处中而贯彻事理的。从正而反而综合的过程，即顺于世俗假名的缘起法，开展生灭（变）的和合、相续的相对界。即反而正而超越（反的双遮）的开显，即顺于胜义性空的缘起法，契合无生的无常、无我的绝对界。相对的缘起相，绝对的缘起性，不即不离，相依相成而不相夺，这真是能开显事理的无碍。如法则而偏于事相，或偏于理性，或事理各有一套，这哪里能理会得事理的真相！对于这，中观能抉择释尊的中道，达到完成，使我们相信得这真是一切智者的正觉！

四

智慧与慈悲，为佛法的宗本，而同基于缘起的正觉。从智慧（真）说：一切是缘起的存在，展转相依，刹那流变，即是无我的缘起。无我，即否定实在性及所含摄得的不变性与独存性。宇宙的一切，没有这样的存在，所以否认创造神，也应该否定绝对理性或绝对精神等形而上的任何实在自体。唯神、唯我、唯理、唯心，这些，都根源于错觉——自性见的不同构想，本质并没有差别。缘起无我（空）的中观，彻底否定这些，这才悟了一切是相对的、依存的、流变的存在。相对的存在——假有，为人类所能经验到的，极无自性而宛然现前的不能想像有什么实体，但也不能抹煞这现实的一切。从德行（善）说：缘起是无我的，人生为身心依存的相续流，也是自他依存的和合众。佛法不否认相对的个性，而一般强烈的自我实在感——含摄得不变、独存、主宰——即神我论者的自由意志，是根本错误，是思想与行为的罪恶根源。否定这样的自我中心的主宰欲，才能体贴得有情的同体平等，于一切行为中，消极的不害他，积极的救护他。自私本质的神我论者，没有为他的德行，什么都不过为了自己。唯有无我，才有慈悲，从身心相依、自他共存、物我互资的缘起正觉中，涌出无我的真情。真智慧与真慈悲，即缘起正觉的内容。

五

缘起性空，本于生灭的不有不无、不常不断、不一不异、不来不出。生灭的因果诸行，是性空的缘起，缘起的性空。这在一般有情，是不能正确理解的，一般总是倒觉为自性实有，或由实有而假有的。所以佛说一切从缘有，一切毕竟空，就有人大惊小怪起来。甚至佛法中，也有有宗起来，与空宗对立，反指责空宗为不了义，为恶取空。有宗与空宗，有他认识论的根本不同处，所以对于两宗认识的方法论，《今论》特别地给以指出来。中国学者一向是调和空有的，但必须对这一根本不同，经一番深刻的考察，不能再泛泛地和会下去。如根本问题不解决，一切似是而非的和会，终归于徒然。我是同情空宗的，但也主张融会空有。不过所融会的空有，不是空宗与有宗，是从即空而有、即有而空的中观中，使真妄、事理、性相、空有、平等与差别等，能得到相依而不相碍的总贯。本论末后几章，即着重于此。我觉得和会空有，空宗是最能负起这个责任的。即有而空，即空而有，这是怎样的融通无碍！在这根本的特见中，一切学派的契机契理的教说，无不可以一以贯之，这有待于中观者的不断努力！

一九四九年五月二日，在厦门南普陀寺大觉讲社校读毕，附序。

引　言

“佛说空缘起，中道为一义；敬礼佛世尊，无比最胜说！”（《回诤论》）

世间的一切事物，都是在相依相缘的关系下存在的；相依相缘的存在与生起，称为“缘起”。凡是缘起的，没有不是受着种种关系的局限与决定；受种种关系条件而决定其形态与作用的缘起法，即不能不是无自性的。“自性”，即自有或自成，有自体存在或自己规定自己的意思。现在说：一切都是关系的存在，是依缘所起法，这与自性——自有、自成、自体存在的含义，恰好相反。所以凡是缘起的，即是无自性的；无自性的，即名之为“空”。缘起即空，是中观大乘最基本而最扼要的论题。自性，为人类普遍成见的根本错乱；空，即是超脱了这自性的倒乱错觉，现觉到一切真相。所以空是毕竟空，是超越有无而离一切戏论的空寂，即空相也不复存在，这不是常人所认为与不空相待的空。然而，既称之为空，在言说上即落于相待，也还是假名安立的。空的言外之意，在超越一切分别戏论而内证于寂灭。这唯证相应的境地，如何可以言说？所以说之为空，乃为了度脱众生，不得已即众生固有的名言而巧用之，用以洗荡一切，使达于

“萧然无寄”的正觉。《智论》曾这样说:“为可度众生说是毕竟空。”《中论》青目释也说:“空亦复空,但为引导众生故以假名说。”缘起无自性而即空,如标月指,豁破有无二边的戏论分别而寂灭,所以空即是“中道”。中道依空而开显,空依缘起而成立。依缘起无自性明空,无自性即是缘起;从空无自性中洞达缘起,就是正见了缘起的中道。所以,缘起、空、中道,在佛的巧便说明上,虽有三语的不同,而三者的内容,都不外用以显明事物的本性。圣龙树在《回诤论》中,既明白地说到三者的同一;在《中论》也说:“众缘所生法,我说即是空,亦为是假名,亦是中道义。”(《观四谛品》)缘起、空、中道的同一,为信解佛法所应当先有的正确认识。中观学,就是对此佛陀根本教法予以深入而严密的阐发者。龙树深刻地把握了这个,窥见了佛陀自觉以及为众生说法的根本心髓;唯有这,才是佛法中究竟的教说。龙树在《中论》中,标揭八不——即中即空的缘起说:“不生亦不灭,不常亦不断,不一亦不异,不来亦不出。能说是因缘,善灭诸戏论。我稽首礼佛,诸说中第一!”(《观因缘品》)依于八不的缘起,即能灭除世间的一切戏论而归于寂灭,这是佛法的究极心要,所以说“我稽首礼佛,诸说中第一”,吐露他对于佛陀敬仰赞叹的深意。

龙树学,当然是发扬一切皆空的,但他的论典,即以他的代表作《中论》来说,不名此为空而名之为中。可知龙树揭示缘起、空、中道的同一,而更以不落两边的中道为宗极。在《中论》里,每品都称之为观,如《观因缘品》乃至《观邪见品》等。观就是观察,正确地观察缘起、空、中道,从论证的观察到体证的现观，所以后来都称龙树学系为中观派或中观宗，称中观的学者为中观师。

龙树的中观学，在西元五百年初，由鸠摩罗什三藏传来中国。在中国旧有佛教和适应时地思潮的发展中，在长江以南曾有过相当的弘扬。其中可看作中观的正统者，就是三论宗。此外，天台宗也是根据缘起即空、即假、即中的要义，发挥它独到的圆宗。龙树系的中观学，给予中国佛法的影响非常普遍深刻，即使不属于中观的学者，也多表示崇敬，或依附于龙树的教门。因此传入日本，即有龙树为“八宗共祖”的传说。在西藏，也传有中观学，是西元八百年代由印度传入的。据说：藏传的中观学，有佛护、月称的“应成派”和静命、清辨的“自续派”。传入西藏的时候，虽各有因缘，然经过长期的流传，佛护、月称的应成系已取得了中观正统的权威。藏传的中观教典，近来始有部分的翻译为汉文。同时，由于《中论》梵本的发现，日人曾从文义的考订中，获得许多新的理解。中观的特质，将来在藏传、汉传和梵本的相互参证中，必将更为正确圆满地发扬起来。

第一章　中道之内容及其意义

第一节　中道之内容

佛法，是对于人生向上发展以至完成的一种实践。众生（以人为本，可称为人生）无始以来，生死死生，生生不已的存在，是人生现实不过、迫切不过的根本问题，也唯是佛法才能彻底处理的问题。佛法对于人生——生生不已的存在，开示它的真相，使我们从人生实相的正见中，知道我们应如何增进此人生，净化此人生，超越一般的人生，达到更圆满更完成的地步。这一佛法的核心——人生进步、净化以及完成的实践，佛典里称之为道。释尊在波罗奈的鹿野苑中，初为五比丘转法轮，即提示以“中”为道的特质。如《转法轮经》（巴利文本）说：“在此诸欲中耽于欲乐者，乃下劣凡夫，为非圣无意义之事。虽然，以自身所求之苦为苦，亦为非圣无意义之事也。离此二边之中道，方依于如来而能证悟，此即开眼、开知，至于寂静、悟证、正觉、涅槃之道。比丘！于何名为依于如来所悟之中道？即此八支之圣道也。”佛在开宗明义的最初说法，标揭此不苦不乐的中道。中道即八支圣道，这是中道的根本义。这何以称之为中？有以为佛法之所谓中，是不流于极端的纵欲，也不流于过甚的苦行，在此苦乐之间求取折中的态度。但这是断章取义，不能正解八正道的所以为中道。要知道：一般人的人生观，即人生历程的路向，不是纵我的乐行，就是克己的苦行。研考这二端的动机，都是建立于情意的，即是情本的人生观，情本的法门。世人感觉偏于纵我的乐行不可通时，于是就转向到专尚克己的苦行。人生的行为，都不过在这两极端以及彼此移转的过程中。不晓得纵我的乐行，如火上加油；私我的无限扩张，必然是社会没法改善，自己没法得到解脱。或者见到此路不通，于是转向苦行，不知苦行是以石压草的办法；苦行的折服情欲，是不能成功的。叔本华的悲观，甚至以自杀为自我解脱的一法，即是以情意为本的结论。依释尊，纵我的乐行和克己的苦行，二者都根源于情识的妄执。释尊否定了二者，提供一种究竟彻底的中道行，这就是以智为本的新人生观。自我以及世间，唯有以智为前导，才可以改造人生，完成人生的理想。因此，不苦不乐的、智本的新人生观，是佛法唯一的特质。佛说离此二边向中道，中道即八正道。八正道的主导者，即是正见。一切身心的行为，都是以正见为眼目的——《阿含经》以正见为诸行的先导，《般若经》以般若为万行的先导。所以不苦不乐的中道行，不是折中，而是从正见为本的实践中，不落于情本的苦乐二边。由此，佛法是以“以智化情”、“以智导行”为原则的。以智为本的中道行，包括了最初发心乃至向上达到究竟圆满的一切过程。

正见为导的中道，即是从正见人生的实相中，增进、净化此人生以及解脱、完成。正见人生的实相，佛在《处处经》中，也即说之为中道或中法。如《杂阿含经》二六二经(《大正藏》编号)说："世人颠倒，依于二边，若有、若无。……迦旃延！如实正观世间集者，则不生世间无见；如实正观世间灭，则不生世间有见。迦旃延！如来离于二边，说于中道，所谓此有故彼有，此生故彼生。"此是释尊开示"正见"的教授，说明世人不依于有，则依于无，佛离有无二边而说中道法。然所谓离有离无的中道，不是折中于有无，而说亦有亦无或半有半无的。释迦所说者，为缘起法，依于缘起的正见，能得不落有无二边的中道。

释迦所说中道，还有不一不异的中道，如《杂含》二九七经说："若见言命即是身，彼梵行者所无有；若复见言命异身异，梵行者所无有。于此二边，心所不随，正向中道。贤圣出世如实不颠倒正见，谓缘生老死，……缘无明行。"还有不常不断的中道，如《杂含》三〇〇经说："自作自觉(受)，则堕常见；他作他觉，则堕断见。义说、法说，离此二边，处于中道而说法，所谓此有故彼有，此起故彼起。"

不一不异，不常不断，与不有不无一样，都是依于缘起而开显的不落二边的中道。正见缘起的中道，为释迦本教的宗要。不苦不乐是行的中道；不有不无等是理的中道，这仅是相对的区分而已。实则行的中道里，以正见为先导，即包含有悟理的正见中道；唯有如此，才能不落苦乐两边的情本论。同时，悟理即是正行的项目，正见缘起，贯彻自利利他的一切正行，两者是相依相待而不可缺的。依于正见缘起，能离断常、有无等二边的戏论，发为人生的实践，自然是不落苦乐二边的中道。

还有，释尊的开示缘起，缘起的所以是中道，即不能忽略缘起的空相应性，这在经中多有说到。如《杂含》二九三经说："为彼比丘说贤圣出世空相应缘起随顺法。"缘起是与空相应的，空的独到大用，即洗尽一切戏论执见。缘起与空相应，所以能即缘起而正见不落两边的中道。

第二节　中道之意义

中道，当然是不落二边。但不落二边——中道所含的意义，还应该解说。中的本义，可约为二种：一、中实：中即如实，在正见的体悟实践中，一切法的本相如何，应该如何，即还它如何。这是彻底的，究竟的，所以僧睿说："以中为名者，照其实也。"（《中论序》）二、中正：中即圆正，不偏这边，也不偏于那边，恰得其中。如佛说中道，依缘起法而显示。这缘起法，是事事物物内在的根本法则。在无量无边极其复杂的现象中，把握这普遍而必然的法则，才能正确、恰当地开示人生的真理及人生的正行。中即是正，所以肇公称《中观论》为《正观论》，中道即是八正道。此中实与中正，是相依相成的：中实，所以是中正的；中正，所以是中实的，这可总以"恰到好处"去形容它。

龙树发扬缘起、空、中道的深义，以"中"为宗而造论。他严格地把握那修道中心的立场，对于中道的解说，也不出于中实与中正。中实，本以正观缘起性而远离戏论的寂灭为主。这中实的寂灭，从实践的意义去说，即是不著于名相，不落于对待。一、不取著名相：这如《大智度论》卷六说："非有亦非无，亦复非有无,此语亦不受,如是名中道。”中道,不但是非有非无,更进一步地说:“此语亦不受。”“受”即新译的取。凡称之为有、为无、为非有非无,都不过名言的概念。非有非无,本表示观心的不落有无戏论,如以为是非有非无,这不能恰合中实的本意。所以必须即此“非非”的名相,也不再取著。二、不落于对待:我们所认识的,所言说的,都是相对的。凡是相对的,即不契于如实绝待的中道。如《大智度论》卷四三,说到种种的二边,都结论说:“离是二边行中道,是名般若。”这里所说的种种二边,如常无常、见无见等,都是二边。进而至于能行能证的人——菩萨、佛是一边,所行、所证的法——六度、大菩提是一边;甚至般若是一边,非般若是一边,要离此二边行中道。这不落对待的中道,即入不二法门,是顺于胜义,依观心的体悟说。

关于中正的意义,龙树也有很好的发挥。依佛陀所正觉的,为众生所巧便言说的,在佛陀,都是圆满而中正的。如缘起是中正的,空也是中正的,至于中道那更是中正了。但世俗言说的施设,不免片面性的缺陷,所以古德说“理圆言偏”。众生对于佛的教法,不能圆见佛法的中道,闻思或修行,在任何方面有所偏重,就会失却中道。如《智论》卷八〇说:“若人但观毕竟空,多堕断灭边;若观有,多堕常边。离是二边故说十二因缘空。……离二边故,假名为中道。”毕竟空与缘起有,哪里会堕于一边?这因为学者有所偏重的流弊——世谛流布,什么都有弊的,所以特说明缘起与空寂不偏的中道。即空的缘起,不落于断边;即缘起的性空,不落于常边。缘起与空,印度佛教确曾有过偏重的发展。到极端,如方广道人偏空,是堕于断灭边;萨婆多部偏于一切法有，即堕于常边。为了挽救这种偏病，所以龙树探《阿含》及《般若》的本意，特明此缘起即空的中道，以拯拔那“心有所著”的偏失者，使之返归于释迦的中道。学者不能巧得佛法的实义，多落于二边，所以特称此综贯性相空有的为中道。龙树的中道论，不外乎不著名相与对待（宗归一实），综贯性相及空有（教申二谛）。中观大乘的特色，实即是根本教义完满的开展。

第二章 龙树及其论典

第一节 龙树论略说

约在西元一百五十至二百五十年间，龙树出现于印度的佛教界。他本是印度南方的学者，长养于大乘佛教的环境中。据传记上说：他出家后，曾到北方的雪山等处修学。这个环境，造成他综贯南北、空有思想的特质，成就了他的伟大！龙树以前，一味的佛教，向东南方发展的是大众（又分别说）系，向西北方开展的是上座系。拘泥而保守的上座系，被呵斥为小乘；活泼而进取的大众系，渐渐地开拓出大乘佛教。南北、大小，尖锐地对立着。南空北有，各趋一极。北方已完成极端实有的《大毗婆沙论》；南方的偏重理性者，于因果缘起的事相，也不免忽略。这种偏颇的发展，决非佛教之福。龙树出世时，佛教正倾向于从分化而进入交流与综合的新机运，于是综合南北、空有、性相、大小的佛教，再建佛教的中道；但他是以大乘性空为根本的。

龙树造的论典，中国内地以及西藏译传的很多。主要的部分，可分为两类：一、深观论，二、广行论。深观，如《中论》、《十二门论》等,以探究诸法的实相为中心,为迷悟的关键所在,所以名之为深观。广行,如《大智度论》、《十住毗婆沙论》、《菩提资粮论》等,这是以菩萨的广大行果为主的。这两类,有的以为:菩萨行包含归依、布施、持戒等行法,佛陀自证化他的果德,主要为引发信愿,以及积集福智的资粮。资粮具足了,成为可能解脱的根机,这再侧重于慧行的深观。这即是说:先以广大行的资粮为基础,再进而深入究极彻证的深观。但另有人说:般若为三乘之母,三乘学者都依此深观而证悟与解脱的;广大行才是大乘不共于小乘的特色。如实地说:声闻、缘觉、菩萨的中道行,都以出世的正见为主导的。依正见而后有信解,依正见而后能修行趣证,就是悟证了以后,也还是不能离此正见的摄导。故深观虽共于三乘,在大乘中,仍是彻始彻终的,唯佛所究竟的。本文,即是关于深观的论述。

关于龙树深观的论典,罗什三藏所传,有长达十万颂的《无畏论》。五百颂的《中论》,即出于《无畏论》中。罗什除译有青目释的《中论》外,还有《十二门论》,也是龙树造的;这部论,可以说是《中论》的入门书。《十二门论》引证过《七十空论》;《七十空论》近由法尊依藏本译出,确乎是龙树的作品。考西藏所传,也有《无畏论》,但这是《中论》的注解,与什公译的青目释论相近。有人说是龙树作的,也有人说不是龙树作的,因为论中引证到龙树弟子提婆的《四百论》。但传说龙树的年寿极高,也可能有转引提婆论的事情。然这与西元五世纪初传来中国的古说,说《无畏论》有十万颂,《中论》出在其中,仍未能完全相合。这也许藏传的《中论无畏注》,即为青目或某论师摘集龙树《无畏论》意而注释《中论》的，多分根据《无畏论》，因此也名为《无畏》，如《净名经集解关中疏》。但这究不过一种推测而已，不能作为定论。有人依"《中论》出在其中"，推想《无畏论》为编集的丛书，如真谛所传《无相论》的性质，也无法确定。

关于龙树的深观论，西藏有"诸中论"之称。凡抉择胜义空性的，都可以名为"中论"，中论不是一部的别名。平常流行的"中论"，名为"根本中"。根本论与支论，总有五正理聚：即一、《根本中论》，二、《回诤论》，三、《七十空论》，四、《六十如理论》，五、《大乘二十论》。这五部论，为印度后期中观师所依据的，认为都是龙树造的。在中国，根本中论都随释论译出，有什公译的"青目释"四卷，唐波罗颇密多罗译的清辨释《般若灯论》一五卷，宋惟净译的安慧释《中观释论》一八卷。汉文所没有的，藏方有传为龙树释的《无畏注》、佛护的《中论注》、月称的《明句论》。《七十空论》，最近依藏文译出。《回诤论》，中国的译本，是元魏毗目智仙译的。《六十如理论》与《大乘二十论》，赵宋时施护所译。施护所译的龙树论，非早期的中观学者所知，而且有"唯识"的倾向。如《大乘二十论》的末二颂说："此一切唯心，安立幻化相。……若灭于心轮，即灭一切法。"《六十如理论》三十四颂说："宣说大种等，皆是识所摄。"又施护译的《大乘破有论》说："由此心为因，即有身生。"印度后期有随瑜伽行的中观师，即引《六十如理论》颂，此下更为解说。

汉藏一致的传说：传龙树中观的正统者，是锡兰的提婆论师。提婆的主要作品，名《四百论》；奘译的《广百论》，即此论后八品的护法"释论"。什公所译的《百论》，婆薮开士释，也即是此论的略本。此外，还有《百字论》。提婆论以“百”为名，不仅是数目的，古人解说为“无邪不摧，无正不显”，即完备的意义。月称从语言学的见地，解说为“遮遣分别邪执”；提婆论确是侧重破邪的。其后，青目释《中论》的八不说：“法虽无量，略说八事，即为总破一切法。”以《中论》的八不，偏重于广破一切，也许是受有提婆论的影响。龙树的《中论》，固然能遮破一切戏论，但《中论》的正意，决非以摧破一切为能，反而是为了成立一切法，显示释迦的缘起中道。

第二节　《中论》为《阿含》通论考

探求龙树缘起、空、中道的深义，主要的当然在《中论》。《中论》的中道说，我有一根本的理解——龙树菩萨本着大乘深邃广博的理论，从缘起性空的正见中，掘发《阿含经》的真义。这是说：缘起、空、中道，固然为一般大乘学者所弘扬，但这不是离了《阿含经》而独有的，这实是《阿含经》的本意，不过一般取相的小乘学者没有悟解罢了。所以，《中论》是《阿含经》的通论，是通论《阿含经》的根本思想，抉择《阿含经》的本意所在。这种说法，不要以为希奇，可从三方面去加以说明：

一、《中论》所引证的佛说，都出于《阿含经》。（一）《观本际品》说：“大圣之所说，本际不可得。”这出于《杂阿含》卷一〇（二六六经等）：“无始生死……长夜轮回，不知苦之本际。”生死无始的教说，龙树引归“何故而戏论，谓有生老死”的空义。（二）《观行品》说：“如佛经所说，虚诳妄取相。”以有为诸行为由妄取而成的虚诳——即虚妄相，以涅槃为不虚诳，是《阿含经》所说的。但龙树以为虚妄即是空无自性的，所以说："佛说如是事，欲以示空义。"（三）《观有无品》说："佛能灭有无，于化迦旃延，经中之所说，离有亦离无。"这出于《杂阿含经》，已经引述过。离有无二边的缘起中道，为《中论》重要的教证。（四）《观四谛品》说："世尊知是法，甚深微妙相，非钝根所及，是故不欲说。"这如《增一阿含经》卷一〇说："我今甚深之法，难晓难了，难可觉知！……设吾与人说妙法者，人不信受，亦不奉行。……我今宜可默然，何须说法！"各部广律，在梵天请法前，都有此说。（五）《观四谛品》说："是故经中说，若见因缘法，则为能见佛，见苦集灭道。"见缘起法即见佛，出于《增一阿含经》卷二九须菩提见佛的教说。见缘起法即见四谛，出于《中阿含经》卷七《象迹喻经》。（六）《观涅槃品》说："如佛经中说，断有断非有。"这如《杂阿含经》卷九（二四九经）说："尽、离欲、灭、息、没已，有亦不应说，无亦不应说。……离诸虚伪，得般涅槃，此则佛说。"《阿含经》的本义，一般声闻学者不能深识，专在名相上取执，所以龙树与他们论辩，似乎龙树在极力破斥小乘，而不知是为了成立《阿含》的真义，成立四谛、三宝、世出世一切法。

二、从《中论》的内容去看，也明白《中论》是以《阿含经》的教义为对象，参考古典的阿毗昙，破斥一般学者的解说，显出瞿昙缘起的中道真义。这不妨略为分析：（一）《观因缘品》，观"缘生"的不生（灭）。《观去来品》，观此诸行的"生无所从来，灭亦无所至"。此二品，总观八不的始终，"不生"与"不去"。此下别观四谛。（二）《观六情品》、《观五阴品》、《观六种品》，即观察六处、五蕴、六界的世间法。这三者的次第，依《中阿含经》卷三四说。古典的《舍利弗阿毗昙》、《法蕴足论》，也都与此相合。《观六情品》中说："见可见无故，识等四法无；四取等诸缘，云何而得有？"从内六处、外六处，引生六识、六触、六受、六爱——六六法门，再说到四取等，这是《杂阿含经》六处诵中常见的缘起说。这三品，论究世间——苦的中道。（三）《观染染者品》，论烦恼的相应；《观三相品》，明有为——烦恼所为的生住灭三相。在蕴、处、界以后，说明相应行与不相应行的三相，本于阿毗昙论的次第；如《阿毗昙心论》。《观作作者品》、《观本住品》、《观然可然品》，明作者、受者的不可得，这更是《阿含经》的根本论题了。与上二品合起来，即是论究惑招有为，与作即受果的道理。（四）《观本际品》，引经以明生死本际不可得。《观苦品》，说明苦非自作、他作、共作、无因作，是依《杂含》卷一二（三〇二经）阿支罗迦叶问等而作的。《十二门论》的《观作者门》，也引此经以明空义。（五）《观行品》，明无常诸行的性空，进而空亦不可得。《观合品》，明三和合触的无性。《观有无品》，从缘起法的非有论到非无，这是依《化迦旃延经》说的。《观缚解品》，从生死流转说到还灭，从系缚说到解脱。《观业品》，更是生死相续中的要义。从观染染者到此，共有十二品，论究世间集的中道。（六）《观法品》，明"知法入法"的现证。无我无我所，为能见法性的观门，这是《阿含经》的要义。所契入的诸法实相，即缘起的寂灭，即声闻与辟支佛所共证的。（七）《观时品》、《观因果品》、《观成坏品》，分别说明三世因果与得失。这是当时内外学者重视的论题，特别是修行历程中的要题；如要经过多少时间，怎样的从因到果，功德的成就或退坏。（八）《观如来品》，如来为创觉正法的圣者，超越常无常四见、边无边四见、有见与无见，这都是《阿含经》十四不可记的意义。（九）《观颠倒品》，明所破的颠倒，否定三毒、染净、四倒的实性，归结到“如是颠倒灭，无明则亦灭”的缘起还灭。《观四谛品》，明所悟的谛理，批评实有论者的破坏四谛、三宝，引证《阿含经》，成立“若见因缘法，则为能见佛；见苦集灭道”的自宗。《观涅槃品》，发挥《杂含》卷一二（二九三经）所说：“一切取（受）离、爱尽、无欲、寂灭涅槃”，是“无为”法的真义，说明无为、无受的涅槃。“如来灭度后，不言有与无”，“一切法空故，何有边无边”等，扫尽十四不可记的戏论。从《观法品》到此，论究世间集灭的中道。（十）《观十二因缘品》，全依《阿含经》义。《观邪见品》，即破除我及世间常无常、我及世间边无边的邪见，明我法二空。正观缘起，远离邪见，这二品即论究世间灭道的精义。

三、从《中论》开首的归敬颂来说：缘起就是八不的中道。《中论》以中为名，即以八不显示中道。不常不断的中道，不一不异的中道，出于《阿含经》，上来都曾引证过。不来不去，在《杂阿含经》的《第一义空经》，也曾说到。在显示缘起的有因有果而无作无受时说：“眼生无所从来，灭亦无所至。”这即是在缘起的生灭中，指出不来不去的中道。不生不灭，据《阿含经》义，指无为法而说，无为法是不生不住不灭的，无为即涅槃寂灭，即缘起的寂灭性。龙树以此八不的缘起说，为止息戏论而寂灭的第一教说：“瞿昙大圣主，怜悯说是法，悉断一切见，我今稽首礼。”归功于瞿昙，这也可见与《阿含》的关切了！

这样，从引证的圣典看，从本论的内容看，从八不的根据看，都不难看出《中论》的意趣所在。龙树的思想，不仅《中论》如此，《大智度论》也还是如此。他解说八不的第一义悉檀，是三乘所共的。《智论》卷一，除了八不而外，又引《众义经》，汉译名《义足经》，即《义品》，巴利藏摄在《小部》里。又如三门中的空门，广引《阿含经》来成立我法皆空（《智论》卷一八）。卷三七中，也引七经，证明声闻藏的法空。所以，依龙树的见地，空相应的缘起、中道，虽菩萨与声闻的智慧不同，声闻如毛孔空，菩萨如虚空空（《智论》卷三五），但这到底是量的差别，不能说空性寂灭中有什么质的不同。所以“声闻乘多说众生空，佛乘说众生空、法空”（《智论》卷四）。“若了了说，则言一切诸法空；若方便说，则言无我。”（《智论》卷二六）这都不过是侧重的不同、详略的不同而已！这样，《中论》确是以大乘学者的立场，确认缘起、空、中道为佛教的根本深义，与声闻学者辩诘论难，并非破除四谛、三宝等法，反而是成立。抉发《阿含》的缘起深义，将佛法的正见，确树于缘起中道的磐石。

第三章　缘起之生灭与不生不灭

第一节　无生之共证与大乘不共

龙树依空而显示中道，即八不缘起。其中，不常不断、不一不异、不来不去的缘起，即使解说不同，因为《阿含经》有明显的教证，声闻学者还易于接受。唯对于不生不灭的缘起，不免有点难于信受。因此，这就形成了大乘教学的特色，成为不共声闻的地方。不生不灭——八不的缘起，声闻学者中，上座系的萨婆多部是不承认的。进步些的经部师，也有缘起的不生不灭说，但他们是依“唯法因果，实无作用”的见地说，还不是大乘学者说缘起不生不灭的本义。大众部说缘起是无为法，因为缘起是“若佛出世，若不出世，法性法住，法界常住”的。他们说缘起常住，不生不灭，而把缘起作为离开事相的理性看，也与大乘不同。关于这些，清辨的《般若灯论》曾经说到。依中观者说，缘起不生不灭，是说缘起即是不生不灭的，这缘起寂灭性即是中道。佛陀正觉缘起而成佛，在此；声闻的证入无为无生，也在此。这缘起的不生不灭，本是佛法的根本深义，三乘所共证的；但在佛教教义开展的过程中，成为大乘学者特别发挥的深义，形式上成为大乘的不共之学。一般声闻学者以为缘起是无常生灭的，现在说"不生不灭是无常义"(《维摩经》卷上)，这似乎不同，成为一般声闻学者与大乘学者论诤的焦点。然依释迦创开的佛法说，生灭与不生灭，本来一致。

不生不灭，《阿含经》是指涅槃无为而说的。涅槃，决不是死了，也不是死了才证得涅槃。涅槃，玄奘译为圆寂。梵语含有否定与消散的意味，又有安乐自在的意义。

佛所说的涅槃，是指那超脱了纷乱的、烦嚣的、束缚的一切，而到达安宁的、平和的、解放的自在境地。这一解脱自在的境地，是佛教正觉的完成，充满了丰富的内容，即解脱了愚痴为本的生死，而得到智慧为本的解脱。涅槃又称为无为、无生(无住无灭)。因为佛称世俗的一切为有为，即惑业所感成的，动乱、相对、束缚的生灭，是它的根本性质；突破了这种烦扰、差别、束缚的有为生灭，在无可形容、无可名称中，即称之为不生不灭的无为涅槃。这本是中道行的成果，然依此为正觉所觉的法界而说，无为又成为究竟的理性。涅槃，正觉的解脱，不问菩萨、声闻，是一致企图实现的目的。声闻行者达到了此一目的，即以为到达了究竟，"所作已办"，更没有可学可作的，称为"证入实际"。大乘行者到了不动地，也同样的体验此一境地，但名之为"无生法忍"，而认为还没究竟的。如《十地经》第八地中说：菩萨证得无生法忍时，想要证涅槃了。佛告诉他说："此诸法性，若佛出世，若不出世，常住不异。诸佛不以得此法故名为如来，一切二乘亦能得此无分别法。"无生法，是三乘所共证的，诸佛并不以得此法而名为如来，即说明了大乘没有把它看作“完成了”，还要更进一步，从大悲大愿中去广行利他。关于这点，《智度论》卷七五说：“得无生忍、受记，更无余事，唯行净佛世界，成就众生。”依于此义，故卷五说：“无生忍是助佛道门。”这可见大乘在正觉解脱的——自利立场，并不与声闻乘不同。不过一般声闻行者自利心切，到此即以为一切圆满了，不能更精进地起而利他，所以大乘经中多责斥他。大乘是依此声闻极果的正觉境界——涅槃，得无生法忍，不把它看作完成，进而开拓出普度众生的无尽的大悲愿行。

第二节 声闻常道与大乘深论

正觉体悟的无为、不生，是三乘圣者所共证的，已如上述。为了教导声闻弟子证得此无生法，依《阿含经》所成立的教门说，主要是三法印：一、诸行无常，二、诸法无我，三、涅槃寂静。此三者，印定释迦的出世法，开示世出世间的真理。此三者，是可以随说一印，或次第说此三印的。次第三法印，即是以明解因果事实的生灭为出发点，依此而通过诸法无我的实践，到达正觉的涅槃。这如《杂阿含》二七〇经说：“无常想者能建立无我想，圣弟子住无我想，心离我慢，顺得涅槃。”三法印的次第悟入，可看为声闻法的常道。但大乘佛教，本是充满利他悲愿的佛教行者，在深证无生的体悟中，阐发释迦本怀而应运光大的。在这无生的深悟中，以佛陀为模范，不以为“所作已办”，而还要进一步地利他无尽。本着此无生无为的悟境去正观一切，即窥见了释迦立教的深义,因之与一般凡庸的声闻学者不同。所以大乘佛教的特色,即“诸法本不生”,即是依缘起本来不生不灭为出发的。《文殊师利净律经》说:“彼土众生了真谛义以为元首,不以缘合为第一也。”这虽在说明彼土与此土的立教方式不同,实即说明了佛教的原有体系——一般声闻学者,是以缘起因果生灭为出发的;应运光大的大乘学,是以本不生灭的寂灭无为(缘起性)为出发的。

从释迦的由证而立教说,本是正觉了无生法性,圆证了法法不出于如如(无生)法性的。他的从证出教,如先从最高峰鸟瞰一切,然后顺从山谷中的迷路者(众生),给以逐步指引,以导登最高峰的。后来的一般声闻学者,在向上的历程中,为路旁的景色所迷,忘却了指导者的真意。大乘学者,即是揭露这鸟瞰一切的意境,使他们归宗有在而直登山顶的。所以,大乘不仅不与释迦的本教相违,而且真能窥见释迦本教的真义,非拘泥名相的一般声闻学者所及。如佛在《阿含经》中,从缘起的生灭相续而说诸行无常;从缘起的因缘和合而说诸法无我;无我我所的执见而悟入无生无灭的涅槃。释迦的方便善巧,使众生从现实经验到的因果生灭相续和合中,离执到达正觉的体悟。实则此涅槃并不在一切现实的以外,不过为了引迷启悟,而相对的称之为无为、无生。

一般声闻学者为名相章句所迷,将有为生死与无为涅槃的真义误会了。如萨婆多部,把有为与无为看作两种根本不同性质的实体法。这由于缺乏无生无为的深悟,专在名相上转,所以不能正见《阿含》的教义,不能理解释迦何以依缘起而建立一切。涅槃即是依缘起的"此无故彼无,此灭故彼灭"的法则而显示的,如何离却缘起而另指一物!又如经部师以无为是无,有为才是实有;那么佛法竟是教导众生离开真实而归向绝对的虚无了!要知道:生灭相续的是无常,蕴等和合的是无我,依无常无我的事相,说明流转门。能够体悟无我无我所,达到"此灭故彼灭,此无故彼无"的涅槃,这是还灭门。这虽是释尊所教示的,但这不过是从缘起事相的消散过程上说。这"无"与"灭",实是有与生的否定,还是建立在有为事实上的,这哪里能说是涅槃——灭谛?所以古人说:"灭尚非真,三谛焉是?"还有,大众系学者误会不生不灭的意义,因而成立各式各样的无为,都是离开事相的理性。所以不是将无为与涅槃看作离事实而别有实体,即是看作没有。尤其生灭无常,被他们局限在缘起事相上说,根本不成其为法印!

大乘学者从无生无为的深悟中,直见正觉内容的——无为的不生不灭。所以说无常,即了知常性不可得;无我,即我性不可得;涅槃,即是生灭自性不可得。这都是立足于空相应缘起的,所以一切法是本性空寂的一切。常性不可得,即现为因果生灭相续相;从生灭相续的无常事相中,即了悟常性的空寂。我性不可得,即现为因缘和合的无我相;在这无我的和合相中,即了悟我性的空寂。生灭性不可得,即生非实生,灭非实灭,所以"此有故彼有,此生故彼生"的缘起相,必然归结于"此灭故彼灭,此无故彼无"。由此"此无故彼无,此灭故彼灭"的事相,即能彻了生灭的空寂。大乘行者从"一切法本不生"的无生体悟中,揭发诸法本性空寂的真实,直示圣贤悟证的真相。因此,释迦的三法印，在一以贯之的空寂中，即称为一实相印。一实相印即是三法印，真理是不会异样的。《大智度论》卷二二说："有为法无常，念念生灭故，皆属因缘无有自在；无有自在故无我；无常无我无相故心不著，无相不著故即是寂灭涅槃。"又说："观无常即是观空因缘（'观心生灭如流水灯焰，名入空智门'），如观色念念无常，即知为空。……空即是无生无灭。无生无灭及生灭，其实是一，说有广略。"诸法生灭不住，即是无自性，无自性即无生无灭，所以生灭的本性即是不生不灭的，这即是不生不灭的缘起。这是通过了生灭的现象，深刻把握它的本性与缘起生灭，并非彼此不同。依此去了解佛说的三法印，无常等即是空义，三印即是一印。

无常等即是空义，原是《阿含经》的根本思想，大乘学者并没有增加了什么。如《杂阿含》二三二经说："眼（等）空，常恒不变易法空，我我所空。所以者何？此性自尔。"二七三经也有此说，但作"诸行空"。常恒不变易法空，即是无常，所以无常是常性不可得。我我所空即是无我，所以无我是我性不可得。无常、无我即是空的异名，佛说何等明白？眼等诸行——有为的无常无我空，是本性自尔，实为自性空的根据所在。这样，一切法性空，所以纵观（动的）缘起事相，是生灭无常的；横观（静的）即见为因缘和合的；从一一相而直观它的本性，即是无常、无我、无生无灭、不集不散的无为空寂。因此，无常所以无我，无我我所所以能证得涅槃，这是《阿含经》本有的深义。释迦佛本重于法性空寂的行证，如释尊在《小空经》中说："阿难！我多行空。"《瑜伽论》卷九〇解说为："世尊于昔修习菩萨行位，多修空住，故能速证阿耨多罗三藐三菩提。”这可见佛陀的深见所在，随顺众生——世俗的知解，在相续中说无常，在和合中说无我，这名为以俗说真。释迦的本怀，不仅在乎相续与和合的理解，而是以指指月，是从此事相的相续相、和合相中，要人深入于法性——即无常性、无我性，所以说能证涅槃。可惜如来圣教不为一般声闻学者所知，专在事相上说因果生灭，说因缘和合，偏重事相的建立，而不能与深入本性空寂的无为无生相契合。彻底地说，不能即缘起而知空，不能即生灭而知不生灭；那么，无常、无我、涅槃，也都不成其为法印！

第三节　三法印之横竖无碍

明白点说，三法印的任何一印，都是直入于正觉自证的，都是究竟的法印。但为听闻某义而不悟的众生，于是更为解说，因而有次第的三法印。在佛教发展的历史中，也是初期重无常行，中期重空无我行，后期重无生行。如“诸行无常”，除了事相的起灭相续相而外，含有更深的意义，即无常与灭的含义是相通的。佛为弟子说无常，即说明一切法皆归于灭、终归无常，与终归于灭、终归于空，并无多大差别。依此无常深义，即了知法法如空中的闪电，刹那生灭不住，而无不归于一切法的平等寂灭。无常灭，如从波浪汹涌，看出它的消失，还归于平静寂灭，即意味那波平浪静的境界。波浪的归于平静，即水的本性如此，所以它必归于平静，而且到底能实现平静。佛说无常灭，意在使人依此而悟入寂静，所以说：“若人生百岁，不见生灭法，不如生一日，而能得见之!”所以说:“诸行无常,是生灭法,以生灭故,寂灭为乐。”使人直从一切法的生而即灭中,证知常性本空而入不生灭的寂静。差别的归于统一,动乱的归于平静,生灭的归于寂灭。所以说:“一切皆归于如。”这样,无常即究竟圆满的法印,专从此入,即依无愿解脱门得道。

然而,在厌离心切而拘泥于事相的,听了无常,不能深解,只能因生灭相续的无常相而起厌离心,不能因常性不可得而深入法性的寂灭,这非更说无我不可——也有直为宣说无我的。由无我离执而证知诸法的空寂性,因之而得解脱。依《般若》及龙树所宗,诸法本性的空寂即是不生,不生即是涅槃。《心经》“色即是空”的空,即解说为无生的涅槃。空是本性空;空亦不可得,即是无生。如《智论》卷一五说:“诸法性常空,心亦不著空;如是法能忍,是佛道初相。”这是把空亦复空的毕竟空,与无生等量齐观的。如《解深密经》说:初时教说无常令厌,中时教说“空无自性,不生不灭,本来寂静,自性涅槃”,也是以空及无生为同一意义的。如从此得证,即依空解脱门得道。

然而,若著于空,即不契佛意,所以说:“大圣说空法,为离诸见故,若复见有空,诸佛所不化。”有所著,即不能体证无所著的涅槃——无生法忍。因之,经中也有以空为不了,而以不生不灭为究竟的。如从不生不灭而证入,即依无相解脱门得道。空与不生,如《大方广宝箧经》说:“如生金与熟金。”龙树也说:“未成就为空,已成为般若。”又空着重于实践的意义,而无生多用于说明法性寂灭。然在中观的诸部论典中,处处都说空,空即不生,空即是八不缘起的中道。事实上,取著无生,还是一样的错误，所以《智论》解说无生，是无生无不生等五句都遣的。空与无生，有何差别！

总之，凡成为世谛流布，或以世俗的见解，依名取义，无常教会引来消极与厌离；空会招来邪见的拨无因果或偏于扫荡；无生会与外道的神我合流。如能借此无常、无我、无生的教观，彻法性本空，那么三者都是法印，即是一实相了。依众生的悟解不同，所以有此三门差别，或别别说，或次第说，或具足说，都是即俗示真，使契于正觉的一味。从缘起生灭悟得缘起不生不灭，揭开释迦《阿含》的真面目。能于空相应缘起中，直探佛法深义而发挥之，即成为后代大乘教学的唯一特色。

第四节 缘起之综贯性

声闻常道以缘起生灭为元首，大乘深义以无生真谛为第一，这多少是近于大乘的解说。如从《阿含》为佛法根源，以龙树中道去理解，那么缘起是处中说法，依此而明生灭，也依此而明不生灭；缘起为本的佛法，是综贯生灭与不生灭的。所以，这里再引经来说明。《杂阿含》二九三经，以缘起与涅槃对论，而说都是甚深的："此甚深处，所谓缘起。倍复甚深难见，所谓一切取离，爱尽无欲，寂灭涅槃。如此二法，谓有为无为。有为者，若生、若住、若异、若灭。无为者，不生、不住、不异、不灭。"这说明在有为的缘起以外，还有更甚深难见的，即离一切戏论的涅槃寂灭——无为。又《杂阿含》二九六经，说缘起与缘生。缘起即相依相缘而起的，原语是动词。缘生是被动词的过去格，即被生而已生的，所以玄奘译作缘已生法。经文，以缘起与缘生对论，而论到内容，却都是“此有故彼有，此生故彼生”的十二支，成为学派间的难题。萨婆多部依缘起是主动，缘已生是被动的差别，说因名缘起，果名缘生。即从无明缘行、行缘识乃至生缘老死，凡为缘能起的因说为缘起，从缘所生的果说为缘生。缘起、缘生，解说为能生、所生的因果。大众部留意经中说缘起是“若佛出世，若不出世，法性法住法界常住”的特点，所以说：各各因果的事实为缘生，这是个别的、生灭的；因果关系间的必然理性为缘起，是遍通的、不生灭的。

今依龙树开示的《阿含》中道，应该说：缘起不但是说明现象事相的根本法则，也是说明涅槃实相的根本。有人问佛：所说何法？佛说：“我说缘起。”释迦以“缘起为元首”，缘起法可以说明缘生事相，同时也能从此悟入涅槃。依相依相缘的缘起法而看到世间现象界——生灭，缘起即与缘生相对，缘起即取得“法性法住法界常住”的性质。依缘起而看到出世的实相界——不生灭，缘起即与涅槃相对，而缘起即取得生灭的性质。《阿含》是以缘起为本而阐述此现象与实相的。依《阿含》说：佛陀的正觉，即觉悟缘起，即是“法性法住法界常住”的缘起，即当体摄得（自性涅槃）空寂的缘起性；所以正觉的缘起，实为与缘生对论的。反之，如与涅槃对论，即偏就缘起生灭说，即摄得——因果生灭的缘起事相。缘起，相依相缘而本性空寂，所以是生灭，也即是不生灭。释尊直从此迷悟事理的中枢而建立圣教，极其善巧！这样，声闻学者把缘起与缘生、缘起与涅槃，作为完全不同的意义去看，是终不会契证实义的。若能了解缘起的名为空相应缘起；大乘特别发挥空义，亦从此缘起而发挥。以缘起是空相应，所以解悟缘起，即悟入法性本空的不生不灭；而缘生的一切事相，也依此缘起而成立。三法印中的无常与涅槃，即可依无我——缘起性空而予以统一。大乘把握了即空的缘起，所以能成立一切法相；同时，因为缘起即空，所以能从此而通达实相。大乘所发挥的空相应缘起，究其实，即是根本佛教的主要论题。缘起法的不生不灭，在《阿含经》中是深刻而含蓄的，特依《智度论》而略为解说。

第四章　中道之方法论

第一节　中观与中论

悟入缘起中道的方法论，即中观与中论。

先说中观：观即观察，此名可有三种意义：一、指观者说，即能观的主体。约观者的总体说，即是有情；约别体说，即与心心所相应的慧心所。佛典所说的止观，即是定慧，故知观体即是慧。二、指观用说，从观慧所起的能观察用，即名为观。用与体，佛法中常是通用的，如说“思量为性相”，“了别为性相”。性即是体性，相即是用相；即是在思量或了境的作用中，显示其体性。今也是依观察、思惟等作用，显示观慧的体性。三、指观察的具体活动说，这包括的内容很多。说到观，即是依所观的对象而起能观，以能观去观察所观，所有的观察方法、观察过程等等，同为相依相待的缘起。这在《般若经》中，曾分为五类：一、观，二、所观，三、观者，四、观所依处，五、观所起时。若离了这些，观就无从成立了。所以，依于缘起的相依相待法则，才有内心的思惟与考察的中观。

再说中论：论有两种：一、语言的文字，依音声的“语表”来论说的。二、“表色”——间接的文字，即一般的文字，依形色的文、句、章、段以论说的。两者都名之为论，都是论述内心的见地，表示而传达于他人的。观与论，同是对于事理的记录，但观是内心的思想活动；不仅是记录正理，而且是以种种方法去发现事理的深密。论是思想活动的方法、过程、结论，表现于声色的符号，以传达于他人、将来。虽各有特长，而观察与语文的对象，大体是同一的。因此古德说：“存之于心为观，吐之于口为论。”

中观与中论，同是以中道为对象的：用观察的方法去观察中道，即中观；用论证的方法来论证中道，即中论。中观与中论，同为研求发见中道的方法。然而，无论是观察或论证的方法，都不是离开中道——真理，凭自己的情见去观察论证的。观察与论证的法则，即为中道诸法最高真理；为中道本有的——法性、必然的——法住、普遍的——法界，我们不过顺着中道——最高真理的常遍法则而观察探求，去发见诸法的真理——中道。所以论证与观察的方法，都是中道的。观、论与中道，是相依相待而非隔别的。离中道，即没有中论与中观；离了观与论，也无法发见中道、体验中道。这点，中观学者必须切实记取！

第二节　因明与中观

中观与中论，是观察中道、论证中道的方法，是体悟中道实相必不可无的方法。所以中观与中论，是中道——真理的方法论；用世间的术语说，即是论理学。

一般所说的印度论理学，称为“正理”，渊源很早。梵语尼夜耶，译为正理，正理即是真理；后来，即转用为论究考察真理的方法，成为印度论理学的专称。这和西洋的逻辑，从逻格思的术语变化而来一样。印度的正理学派，约成立于西元之初。其后，佛教学者也加以采用，特别是法相唯识学，即发展为著名的因明。正理学派的论理方法，总凡十六句；他的论式，是五分论法。到世亲及弟子陈那，把五分论法加以改善，成为三支论法。因明是佛教所用的术语，因为考察事理真相的三支论法，主要是以理由——因支来证明宗义，因支特别重要，故名因明。然也没有忘弃正理一词，如陈那师资所著的《因明正理门论》、《因明入正理门论》等是。

现在说中观，《中论》即是中道的方法论、论理学，这不但事实如此，在名称也是如此的。如正理是真理，在印度早成为论理学的专名，而龙树的《中论》等五部论典，即被称为“五正理聚”，这可见《中论》等即是以论理方法探究真理之学。又如《菩提道次论》，即每称中道观察为“正理观察”。法相唯识家的因明与龙树学系的中观，虽同为论理方法，而因为中观本源于佛陀的缘起法，因明却仅是正理学派方法——可说是常人的方法论的修正。所用的方法不同，所以对究竟实相的中道，也不免有所不同。这也是空有二宗的根本不同处，所以要特别地揭示出来。中国的古三论师，并未使用因明式的方法。到了唐代的新三论宗，即贤首承日照三藏的学系，也采用了因明（不过，也说它是不究竟的），如《十二门论宗致义记》所说。中观学在印度，龙树论是没有承认正理学系的方法论的。到了清辨，大概是为了争取唯识学者的同情，完全采用因明的论理法，造《般若灯论》及《掌珍论》等。这是没有确见中观的深义所在，难怪为月称所破。为了辨别论理方法的不同，从二方面来说明：

一、中国古三论师教导学人，有入门的“初章义”与“中假义”。初章，譬如读书的先学字母，就是第一课的意思。要学中观，第一步必须明解初章，即破斥外人的立义；然后进一步修学中观家的正义——“中假”。常人、外道，有所得小乘，以至有所得大乘，对于诸法都有一根本的错误，根源于此种错误而影响一切思想学说，无不成为错误的。非将这一根本错误破除，是不能正确地理解中道，进而体悟中道——中观的。初章，为一根本而共同的错误的论证法。今举“生”“灭”二名而论：“他有生可生，有灭可灭。有生可生，生不由灭；有灭可灭，灭不由生。生不由灭，生非灭生；有灭可灭，灭非生灭。生非灭生，即是自生；灭非生灭，即是自灭。自生即是实生，自灭即是实灭。”他，即是中观者以外的一切。他们认为某一事理的存在，是有它的独立存在性。如生，即不是由于灭、不离灭而有此“生”的，所以说他不由灭而生，不是待灭不离灭的生。这样，即违反缘起的相依相待而有的真理，而成为反缘起的实有了。在三论师说的实生实灭，即是不合佛法的倒见。实体的生灭，即说明他的生灭反真理而不能成立了。反之，中观的正义，即中假义，论说的方法如此：“今无生可生，无灭可灭。无生可生，由灭故生；无灭可灭，由生故灭；由灭故生，生是灭生；由生故灭，灭是生灭。灭生即非生，生灭即非灭。非生非灭为中道，而生而灭为假名。”今，即是中观者。无生可生，无灭可灭，即本着中观的毕竟空义，否定有“生”

“灭”的自性,也即是不执有实性的生灭。因此,生是由于灭、待于灭、不离灭的,是依于缘起法的相依相待而成立。即生的灭,即灭的生,即否定“生”“灭”的实性,契入非生非灭的空性——中道,因而成立“生”与“灭”为因缘的假名。初章与中假的要义,在指出外人与中观者,对于一切的一切,有着根本上的认识不同,而成为方法与结论的不同。如上所说的生灭,中观宗彻底地确立缘起法是即生即灭的,这是《阿含经》的根本论题——是生也是灭;相对性与内在的矛盾性,为缘起法的根本性质。然这在中观以外的学者看来,是难得理解的。中观以外的佛学者以及一般人,他们以为:生是生起,灭是消灭;生既是生,即不是灭;灭既是灭,即不是生。生与灭,简直是隔别无关的。佛说的“即生即灭”,是怎样的困恼他们!

本来,这是世间普通的思想方式,和西洋三段论法的形式逻辑相同。如生是生非灭,灭是灭非生,这近于形式逻辑的同一律与矛盾律;不许生而可灭灭而即生的,即是排中律。这种含有根本错误的认识及其方法论,西洋的形式逻辑如此,印度的五分作法以及三支论法都如此,都不过是庸俗的浅见。若依中观的论理说:生是生,也可以是灭的;离了灭是不成其为生的。灭是灭,也是生,灭是由于生,离了生是不成其为灭的。这从无自性的缘起法,说明如幻的生灭。这种论理方法,近于辩证的逻辑(自然有他根本的不同点)。古三论师的初章、中假义,是明显地划出二种认识的不同;因认识的不同,所以论理的方式与结论也不能相同。主张有自相的学者,虽也明因果,说缘起,而因他们不能如实地明见缘起与依据缘起法则,故结果不免于反缘起而流于断常二边。所以要如实地体达中道,对于这种反缘起反中道的认识与论理法,必先加以破斥,才能引生如实的中道。这二种认识方法的不同,也即是空宗与有宗的方法论不同,明显地划出了两宗的根本差别。彻底地说,这种差别,就是圣凡、迷悟的差别。破迷启悟、转凡成圣的根本关键,就在我们认识事物的是否正确。要革新以往含有普遍成见——俱生法执的世俗认识,势非从中观的方法论着手不可。

这可以附带一说空宗与有宗的不同根源。空宗与有宗所诤的,主要为对于空的论法不同。空宗说:一切法是本性空的;因为一切法的自性本空,所以一切法是缘起有的。“空中无色”而“色即是空”,所以空与有不相碍,一切空而可能建立一切因果、罪福,以及凡圣的流转和还灭。这点,中观以外的学者,都难以承认。他们以为空是空的,即不是有的;有是有的,即不是空的。听说“一切皆空”,就以为是毁坏一切的恶见,以为一切因果、罪福,甚么都不能有了,所以至少非有些不空的才对。依这种认识而开展的思想,不但外道、小乘,就是大乘的唯识学——有宗,也不免如此。因之,对于经中的“一切皆空”,不是根本地反对它,就给以非本义的修正:空是不了义的,这是依某种意义说的,其实某些某些是不空的。总之,他们势必寻出一些不空的作根基,才能建立他们的宇宙观与人生观,建立他们的流转论与还灭论。空有二宗的诤论不已,根本即渊源于此种认识以及论理方式的不同。所以假如说:中观的论理方法,处处合于唯识家的因明,那简直是大外行!

二、由印度传入西藏的中观,也有这一分别。这在月称论师对于清辨批评佛护的反驳上，可以看出中观者与一般学者是怎样不同的。月称曾提出两个名字：（一）自续——或译自立量；（二）应成——或译随应破。清辨批评佛护：不能专于破他，要以因明的论理方式建立缘起性空的自宗。这如他的《掌珍论》曾成立二量："真性有为空，缘生故，如幻。无为无有实，不起，如空花。"这种自立比量的方法，在月称看来，是根本没有理解佛护的意思，没有理解中观者与一般人的认识方法如何不同。因为因明的三支比量，有一基本原则，立敌间要有共同的认识，即宗支的有法及能别，必须彼此极成。如立"声是无常"，那么"所作性故"的因，和"如瓶"的喻，也要彼此有共同了解，这才能以彼此共同的成立彼此不同的自宗。月称在《明句论》里，对清辨用因明量成立自宗的批评，指出"有法"与"法"，以及"因""喻"，中观者与外小等甚么都不共，这如何能用自立量呢？这是正确不过的。即如清辨《掌珍论》的"真性有为空，缘生故，如幻"，唯识家就可以说：空不是真性有为的法，真性有为是非空非不空的。"缘生故"的因，不但不能成立中观的空，反而成立唯识的不空。"如幻"，唯识家也不承认如幻是空的。这可见月称批评清辨的自立量，是非常正确的。对于一般非中观者而自立比量，根本不可能；仅可以他人所承认而立他比量，即揭破他本身所含的矛盾，所谓"以子之矛，攻子之盾"，所以月称主张随应破。这虽在与清辨辩论是否可以自立比量，其实即说明了中观者与一般人的认识有根本不同处：即中观学者所信解或悟入的如幻缘起，与常人执著实有的因果法，或者也名为缘起，根本不同。差别的根源，即在于彼此的认识不同，因而论理的方法也不能一致。

因明等形式论理,是不能用以论证中观深义的,不能用为通达究极真理的工具。这在唯识家,也未尝不知“真如无同喻”。如《楞伽》等经,都对五支论法有所批评。但这是说它不能把握究极的真理,在相对的世俗真实上,依旧是有其作用的。这如依地球为中心以观测天象,有它范围内的正确性,若依之扩大观察,它的正确性就渐渐消失了,不能不加以修正。用因明等论理来成立世俗的事象,而不能用来探求究竟真理,也如此。不能依于即空的缘起法的论理法,不能用以论究真理,不能破邪显正,《中论·观五阴品》即早已说过:“若人有问者,离空而欲答;是则不成答,俱同于彼疑。若人有难问,离空说其过;是不成难问,俱同于彼疑。”离了法性本空,即不能理解无性的缘起,这在答复他宗和难破他宗时,即不能成为正确的答复和真正的破除。怎样成立自己,他人也照样的可以成立他;用某种方法去破斥他人,他人也可以使用此同一理由来反问自己,也就无法成立了。同一的认识以及大致共同的方法,是会遭遇同一命运的。如佛弟子用无常去破斥外道的常,外道也可以用常来破斥你的无常。你若以理由来成立无常,外道也可以理由来成立他的常,究竟谁是真理?因明中的“相违决定”,康德的二律背反,完全暴露了此一论理的缺点。所以,唯有能了达诸法是即空的缘起,本着诸法本性空寂的见地,展开缘起的论法,这才能彻底难破,彻底地答复别人;才能真正破除他人的错误,真正地显示真理。所以说:“以有空义故,一切法得成。”所以在方法论的立场,通达中道实相,非依于即空的缘起法不可。

第三节 闻量·比量·现量

上来说,中道是诸法的如实相,是无作无为本来空寂的,离文字相,离心缘相的。这离一切能所相待,唯证方知的中道实相,如何可以文字去论证,以观慧去观察呢?因明的方法论不能探究深理,中观的方法论又焉能观得到真理?依语言文字及观慧去观察离言的实相,这是极重要的问题。现在,就以现量、比量、至教量——也名声量或闻量的三量去说明。

修学佛法以及中观,初步应从亲近善友、听闻正法下手。所听闻的,虽不是诸法的实相,但这名言章句,是佛、菩萨体证实相,为应众生可能了解的机宜而建立的;我们依此方便,可以渐次升进,以到达与佛同样的证悟。佛所说的正法,称为"法界等流",这并非与中道实相——法界无关,而是中道的影像教,如指月的手指不是月,却确有标指明月的作用。了解法界等流的教法,须具有纯正的信心,以信心去接受古圣先贤的指示。要知道:不单是对于寻求正理,需要听闻(此听闻,实不仅是用耳闻的。如说"般若从三处闻:从佛闻,弟子闻,及经典闻"。所以这是包含听受师友的教授,以及自己从经典中去参研),就是世俗的学识、技能,也没有不需要听闻的。小孩以父母的是非为是非,学生以师长的指示为正鹄。即成年后自己得来的知识、技能,虽不从父母师长处得来,一部分为自己经验的发见,因而修正父母、师长的意见;然而主要的,还是由于社会共同思想的熏陶得来。所有的知识,十九从听闻得来;听闻得来的正确知识,即是闻量。在佛法,即主要的要从流行于社会中的佛教思想,以及由佛弟子展转传来的教导。我们于佛法以及中观的认识,就必须从听闻正法入手。这在三种般若中,称为文字般若。如信心不具,不能根源于教典的多闻熏习,即不能于甚深的佛法有所了解。离此至教量而专谈现量、比量,是根本不可能的。因为世间的正确知识,虽无不合于现量及比量,然我们所有的一切知识,决非一一经过现量与比量的证明。如对于古代传来以及现代的社会思想,概不轻信而一一要经过自己的现比证成而后信仰,这是怎样违反世间的现实?所以闻量的文字般若,可能有缺点,但永远是修学佛法的始基。

由听闻正法,进而如理思惟,法随法行。即从闻而思,以便从思而到达修证;即以思慧为主而兼摄闻慧、修慧——实际观察的阶段,名为比量。中道的正见,即由比量而来。三种般若中,此即观照般若。观慧的寻思、抉择、审察阶段,如为世俗事相的观察,不净观、慈悲观等,即因明式的论理方式,也是可用的;但在探究究极真理的抉择、观照,那非使用中观的方法不可。中观法,不是从形式的差别去考察,而是从内容的彼此关涉中去考察;是从缘起法——内在相依相待中,更深入到事事物物的本性去观察的。由缘起法以观察无自性的因果事相,即从缘起到缘生,这是随顺世俗的中观法。依缘起法以观察法法无自性的本性,洗净众生的一切错谬成见,即从缘起到寂灭,这是随顺胜义的中观法。随顺世俗的中观法,是基于缘起的相依相待、相凌相夺以观察一切,也不会与因明的方法全同。特别是:依缘起相依相待、相凌相夺的观法,随顺胜义的中道而倾向于胜义——"一切法趣空”的观慧。观慧虽也观察不到离言的中道胜义，而依此缘起观，却能深入本性空寂，成为深入中道的不二法门。中道离一切相，但即为成立缘起的特性，中道即缘起的中道；缘起的因果生灭，当下显示这空寂的真理。譬如江水在峡谷中，反流而激起狂浪，然同时它即反归于平静，而且直趋于大海。在这怒浪狂跃时，虽未能想见海水的一味，但能顺此水势而流，即必有汇归大海的可能。从缘起法以观察中道，也即是如此。文字（即总摄一切名相分别）性空即解脱相，趣入离言是不能离弃名言的。所以说：“言不是义，而因言显第一义。”有些人以为真理离言，甚么也不是，任何观察也观不到中道。于是无闻无慧，要离一切的论法、观法而直入中道。哪里知道这是不能到达中道自证的，这只能陷于无想的定境而已！唯有中观的观法，是随顺缘起性空的中道观，是缘起而性空的方法论，也是随顺胜义的方法论。莲花戒在《中观光明论》里也说：“何等名为了义？谓有正量，依于胜义增上而说。”“言胜义无生等，其义通许一切闻思修所成慧，皆名胜义，无倒心故。”《中观庄严论释难》说：“何谓无自性性？谓于真实。言真实者，谓随事势转比量所证真实义性。”中观的教法，即我们的闻思修慧，虽不是离言的，而能顺流趣入离言的中道。

依此深入中道正观，精勤修习，将根本颠倒的自性彻底掀翻，直证真实，此即无漏现量的自证，也即是中道的现观。三种般若中，此为实相般若。此实相般若，才是真般若；前二般若，是达到此实相般若的方便，所以因得果名，也名之为般若，为中观。要到此田地，须依中观的方法论。所以我们应以信顺中观教为本,进而运用中观的方法以观察真理,以趋入中观的现证。闻量、比量、现量三者,在正观真理的过程上,是有着连贯性的,必然的关系性的。忽略此点,纵以为理事圆融,而实际上必然落于两边!

第五章　中观之根本论题

第一节　缘起

《中论》说:“因缘(即缘起)所生法,我说即是空。”“因缘所生法,即是寂灭性。”《十二门论》说:“因缘所生法,是即无自性。”缘起,所以是无自性的;无自性,所以是空的;空,所以是寂灭的。“缘起自性空”,实为中观的根本论题、根本观法、根本的法则。缘起、自性、空,到底是什么意义呢?

佛法以有情的生死相续及还灭为中心,所以经中说到缘起,总是这样说:“此有故彼有,此生故彼生,谓无明缘行,……乃至纯大苦聚集。”“此无故彼无,此灭故彼灭,谓无明灭则行灭,……乃至纯大苦聚灭。”《阿含经》说缘起,虽多从有情的流转还灭说,实则器世间也还是缘起的。阿毗达磨论中说四种缘起,即通于有情及器世间。《十二门论》也说内缘起与外缘起:内缘起,即无明缘行等十二支;外缘起,即如以泥土、轮绳、陶工等而成瓶。可知缘起法,是通于有情无情的。依《智论》说:不但内外的有为法是缘起的,因待有为而施设无为,无为也是缘起的。这样，凡是存在的因果、事理，一切是缘起的存在；离却缘起，一切无从安立。

“缘起”为佛法最主要的术语。从经义的通贯生灭及不生灭，依学派间的种种异说，今总括为三点来说明：

一、相关的因待性：起是生起，缘是果法生起所因待的。约从缘所生起的果法说，即缘生；约从果起所因待的因缘说，即缘起。萨婆多部等以缘起为因，也有他的见地。但他们关于缘起的解说，专作事相的辨析，考察无明等的自相、共相、因相、果相等，忽略了“此有故彼有，此生故彼生”的因待性，不免有所偏失！克实地说：“此有故彼有”二句，是缘起的主要定义；“无明缘行”等，是缘起的必然序列，也是举例以说明其内容。唯有在缘能起果中，把握缘起相关的因待性，才能深入缘起，以及悟入缘起法性的空寂。所以，缘起约因缘的生果作用说，但更重在为一切存在的因待性。若用抽象的公式来说，缘起即是“此故彼”。此与彼，泛指因与果。彼之所以如此，不是自己如此的，是由于此法而如此的，此为彼所以如此的因待性，彼此间即构成因果系。例如推究如何而有触——感觉，即知依于六入——引发心理作用的生理机构而有的；六入对于触，有着此有彼可有、此无彼必无的必然关系，即成因果。但缘起的含义极广，不单是从缘而生起，也还是从缘而灭无，这又可以分为两点说：(一)如由惑造业，由业感果，这是相顺相生的。如推究如何才能灭苦？这必须断除苦果的因缘——惑，即须修戒定慧的对治道。此对治道能为断惑的因缘，即相违相灭的。如《杂阿含》五三经说：“有因有缘世间集，有因有缘世间灭。”世间集，是由惑感苦，相顺相生;世间灭,是由道断惑,相违相灭的。这相生相灭,都是依于缘起的。(二)一切法所以能有生,有法的可以无,生法的可以灭,不仅由于外在的违顺因缘,而更由于内在的可有可无、可生可灭,此可有可无、可生可灭的可能性,即由于缘起。存在——有与生起的本身,即含有生者必灭、有必归无的必然性。例如触是依于六入而有而生的,那么,触即不离六入,没有触的独存性。一旦作为因缘的六入起了变化或失坏了,触也不能不跟着变化及失坏。这即是说:凡是依缘而起的,此生起与存在的即必然要归于灭无。所以佛说缘起,不但说"此有故彼有"的生起,而且说"此无故彼无"的还灭。依他而有而生,必依他而无而灭,这是深刻地指出缘起的内在特性。《阿含经》说:人是地水火风空识——六大和合而成的。但这性能不同的六大,一失均衡,即有病、老、死的现象,这即是具体地说明了由此而生,必由此而灭。所以缘起法有此二大定律:即相依相生的流转律,又相反的有相依相灭的还灭律。依于缘起,成立生死,也即依之成立涅槃,佛法是何等善巧!

二、序列的必然性:佛法说缘起,不但说明"此故彼"的因果关系,而且在因果中,抉出因果生灭的序列必然性。如悟入十二有支,这决不止于别别的因果事实,而是从一切众生、无限复杂的因果事相中,发见此因果的必然程序。如发见日月运行的轨道,看出社会发展的必然阶段。从前,大众学者特别重视这点,因此说缘起是不变(无为)的因果轨律。佛说"得法住智";经说"是法住法位,世间相常住",都是说明缘起序列的必然性。但依中观义来说:缘起的序列必然性,决非离事说理,在缘能起果的作用中,现出此必然的理则。生死相续,似乎依照此理则而发展,佛也不过发见此因果事中的理则而已。

三、自性的空寂性:从缘起果的作用,有相关的因待性,有序列的必然性。此因待与必然,不但是如此相生,也如此还灭。如进一层考察,一切法的如此生灭,如此次第,无不由于众缘。那么,此有无生灭的一切法,即没有自体,即非自己如此的。这即能从如此生灭次第中,悟入此是即空的诸行,并非是实有实无实生实灭的。彼此因待,前后必然,世间的因果幻网,似乎有迹可寻,而自性空寂,因果幻网即当体绝待,了无踪迹。所以说:缘起是"宛然有而毕竟空,毕竟空而宛然有"。

第二节　自性

缘起是无自性的,甚么是自性呢?自性(svabhāva)是专门术语,如《壹输卢迦论》说:"凡诸法体、性、法、物、事、有,名异义同。是故或言体,或言性,或言法,或言有,或言物,莫不皆是有之差别。正音云私婆婆,或译为自体(的)体,或译为无法有法(的)法,或译为无自性(的)性。"所举的名字虽很多,而意义是同一的。所谓体、性、法、物、事,皆即是"有"的别名。但它又说:梵语的私婆婆,或译为体、法、性。依梵语说:婆婆(bhāva)即是"有"。此字,什公每译为法,也或译为物。《般若灯论》也有译作体的。"有"前加 sva,即私婆婆,即自性的原语。或译自体,含有自己有、自己成的意义,是自己规定自己的。凡是法,即有其特殊的形态与作用,其所以有此形态与作用,依自性说,即是自己如此的。此自性的另一特性(prakṛti),什公译为性,意义为本源的性质,即本质或原质。所以,自性是自己如此的,也是本来的性质如此的。如哲学上所说的实在、本体、本元等,皆与此自性的含义相合。

要明了"自性"一语的意义,请听萨婆多部所说。如《大毗婆沙论》卷一说:"如说自性,我、物、自体、相、分、本性,应知亦尔。"萨婆多部的学者,把自性、我、物、自体、相、分、本性看成同一意义。尤其所谓"分",最值得注意。此分,就是事物的最后原素,也即是所谓"点",即"其小无内"不可再分割的东西。萨婆多部以为一切法不外两种:一、假有,二、实有。假有的,如《顺正理论》卷一三说:"是假有法,宁求自性?"假有法即不能追求其自性的。依他们说:假有的必依于真实的。依于实有,构成前后的相续相、同时的和合相。此和合及相续,即假有的,可以说没有自性。而在相续与和合的现象中,分析到内在不可再分析的点,即是自性实有的。如在色法的和集中,分析至极微,以极微的物质点为集成粗显色相的实质。对于精神作用,也分析到心心所的单元。此分析出的单元,是自性,也称为我——我即自在义。如《婆沙》卷九说:"善说法者,唯说实有法我,法性实有,如实见故。"补特伽罗我是五蕴和合有的,所以是假;假的所依是自性实有,所以说:"有性实有,如实见故。"这种思想,即是假定世间事物有实在的根本的自性物,而后才有世间的一切。他们从"析假见实"的方法,分析到不可再分析的质素——心、物、非心非物,即是事物的实体,也即是所谓自性,自性即万有的本元。如《顺正理论》卷一三说:"未知何法为假所依?非离假依可有假法。”“假必依实”——自性有，是最根本的见解。萨婆多主张有自性的，于是佛说诸行无常、诸法无我，照他们的意见，追究诸法的实在，相续与和合假所依的自性法，即是三世常如其性的、不变的，有不能无、无不能有的，甚至可以称为法我了。

假有无自性说，经部师是扩大了。但自性有的基本原则，并未改变。三世常如其性的一切法，在经部的现在实有论中，转化为潜在于现在的种子或旧随界。此种子与界，虽不断地从种子而转化为现行，现行转化为种子，但依旧是不变的。这点，唯识学者说得明白，名为“自性缘起”，即色生色，眼生眼，贪生贪，有漏生有漏，无漏生无漏。这样的因缘论，即是从一切有部析假见实得来的自性有，不过从三世常如而使之现在化而已。自性有的原则，完全吻合。依经部师，蕴、处是假的，而十八界是实有的。相续和合的现行，都依于真实的界性。《瑜伽论》在批评性空时说：“譬如要有色等诸蕴，方有假立补特伽罗，非无实事而有假立补特伽罗。如是要有色等诸法实有唯事，方可得有色等诸法假说所表，非无唯事而有色等假说所表。若唯有假而无实事，既无依处，假亦无有。”经部与瑜伽论者，禀承那“假必依实”的天经地义，所以不能说一切无自性空而必须说“自性有”的，假有的可空而自性有的不可空。《解深密经》也这样说：“云何诸法遍计所执相？谓一切名假安立（假名），自性差别乃至为令随起言说。云何诸法依他起相？谓一切法缘生自性。”在论到有自性与无自性时，即说：“此由假名安立为相，非由自相安立为相，是故说名相无自性性。”这分为假名安立与自相——即自性安立：假名安立的，无自性、空；自相安立的，即是有自性了。

追求事物中的根元,看作实在的,依此而成立世出世一切,都是“自性”论者。又如《楞严经》说:“若诸世界一切所有,其中乃至草叶缕结,诘其根元,咸有体性,纵令虚空亦有名貌,何况清净妙净明心,性一切心而自无体?”这是自性论者的另一面目。在万化中,终必有一个真实自性而不是假的,这即是“自性”的意义。一般的宗教与哲学,无不从此自性的老路而来!

《中论·观有无品》说:“众缘中有性,是事则不然,性从众缘出,即名为作法。性若是作者,云何有此义?性名为无作,不待异法成。”这是《中观论》对于“自性”的具体说明。佛法说缘起,除了极端者而外,谁都承认,但总觉得是诸法自性有,由众缘的和合关系而发现。若依中观的看法,自性与缘起,是不容并存的。有自性即不是缘起的,缘起的就不能说是自性有的。因为,若法要由众缘和合而现起,即依众缘而存在与生起;承认由众缘现起,即等于承认是作法。“作”,就是“所作性故”的作,有新新非故的意义。若主张有自性的,即不能是所作。因为自性有即自有的、自成的、自己规定着自己的,这如何可说是作法?缘起是所作的,待它的;自性是非作的,不待它的。二者是彻底相反的,说自性有而又说缘起,可说根本不通。佛说无常,即显示缘起是作法,否定了自性的非作性;凡是缘起即是和合的,如补特伽罗是依待五蕴等而假立的,所以佛说诸法无我,即否定了自性的不待它性。无常无我的缘起论,即说明了诸法的无自性。

但如此的自性,表现于学者的思想体系中,依佛法说,这都是分别的自性执。众生生死根本的自性执,应该是众生所共的,与生俱来的俱生自性执。这是什么?不论外观内察,我们总有一种原始的、根本的、素朴的,即明知不是而依然顽强存在于心目中的实在感,这即一切自性执的根源。存在的一切,都离不开时间与空间,所以在认识存在时,本来也带有时空性。不过根识——直觉的感性认识,刹那的直观如此如此,不能发见它是时空关系的存在,也即不能了达相续、和合的缘起性。这种直感的实在性,根深蒂固地成为众生普遍的妄执根源。虽经过理性——意识的考察时,也多少看出相续与和合的缘起性,而受了自性妄执的无始熏染,终于归结于自性,而结论到事物根源的不变性、自成性、真实性。因为自性是一切乱相乱识的根源,虽普遍地存在于众生的一切认识中,而众生不能摧破此一错误的成见,反而拥护自性——元、唯、神、我为真理。总之,所谓自性,以实在性为本而含摄得不变性与自成性。西藏学者有说自性的定义为:不从缘生、无变性、不待它,大体相近。自性的含义中,不待它的自成性,是从横的(空间化)方面说明;非作的不变性,是从纵的(时间化)方面说明;而实在性,即竖入(直观)法体的说明。而佛法的缘起观,是与这自性执完全相反。所以,自性即非缘起,缘起即无自性,二者不能并存,《中论》曾反复地说到。

第三节 空

空,是佛教所共同的,而中观家的观法不尽与他派相同。如《大智度论》卷一二说有三种空:一、分破空,二、观空,三、十八空。“分破空”,即台宗所说的析法空。如举氎为喻,将氎析至极微,再分析到无方分相,即现空相,所以极微名为“邻虚”。这是从占有空间的物质上说,若从占有时间者说,分析到刹那——最短的一念,没有前后相,再也显不出时间的特性时,也可以现出空相。由此分破的方法,分析时空中的存在者而达到空。“观空”,这是从观心的作用上说。如观氍为青,即成青氍;观氍为黄,即成黄氍等。十遍处观等,就是此一方法的具体说明。由观空的方法,知所观的外境是空。这境相空的最好例子,如一女人:冤仇看了生嗔,情人见了起爱,儿女见了起敬,鸟兽望而逃走。所以,好恶、美丑,都是随能观心的不同而转变的,境无实体,故名观空。“十八空”,《般若经》着重在自性空。自性空,就是任何一法的本体,都是不可得而当体即空的。《大智度论》虽说有三种空观,然未分别彻底与不彻底。依龙树论,这三种空观,都可以使人了解空义,虽所了解的有深浅不同,然究不失为明空的方便,所以《智度论》兼容并包地说有三空。若细考大小乘各派的说法,则分破空是阿毗达磨论师所常用的方法。如有部,以观慧析色至邻虚,过此即成为空。然而有部不承认一切法皆空,反认为有自性有的极微。因分析而知某些是假合有的,某些是假有所依的原素——即最后的极微;心法也用此法分析到刹那念。这种方法,并不能达到一切皆空的结论,反而成为实有自性的根据。如分析极微至最后,有说有方分的,有说无方分的,也有说有方而无分的,但无论如何,最后总都是有实在性的极微。如古人说:一尺之木,日取其半,终古不尽。这种分破空法,本即《阿含经》说到的“散空”;不彻底而可以用为方便,所以龙树也把它引用了来。观空,是唯识宗等所使用的空观。这一方法,经部师即大加应用。经部师说十二处——根境非实,即成立了所观的境是非实有的。后来大乘的唯识学者,极端地使用此观空,如说:“鬼、傍生、人、天,各随其所应,等事心异故,许义非真实。”如鱼见水为舍宅,天见为琉璃,鬼见为脓血,人见为清水,这可见水或舍宅等境界,是不实的,是随各自业报的认识不同而转变的。《阿毗达磨大乘经》、瑜伽师,都是依此法以明外境的非有性,成立无分别智体证离言自性的。这参考《摄大乘论》等,即可完全明白。观空与分破空不同:分破空,因分析假实而成立假名者为空的;观空,则在认识论的观点,说明所观境界的无所有。观空,也同样的不能达到一切法毕竟空,因为观空即限定它要用能观的心以观外境不可得的,能观心的本身,即不能再用同一的观空来成其为空,所以应用观空的结果,必然地要达到有心无境的思想。境空心有,固也可以为了达空义的方便,然在某种意义上讲,不但所空的不能彻底,而将不当空的也空掉了。即如分破空的学者,承认有实自性的极微和心心所,而由极微等所合成的现象,或五蕴所和合成的我,以为都是假法。他忽略了假法的缘起性,即是说,他们不承认一切法是缘起的。因此,一方面不能空得彻底,成增益执;另方面,将不该破坏的缘起法也空掉了,即成损减执。唯识学者把缘起法统统地放在心心所法——依他起性上,不能到达心无自性论;对于六尘——境的缘起性忽略了,所以不能尽契中道。龙树菩萨所发挥的空义,是立足于自性空的,不是某一部分是空,而某些不空,也不是境空而心不空。

《智度论》卷七四又说有三种空:一、三昧(心)空,二、所缘(境)空,三、自性空。“三昧空”,与上面三空中的观空不同。这是就修空观——三三昧的时候在能观的心上所现的空相说的。如十遍处观,在观青的时候一切法皆青,观黄时一切法皆黄,青黄等都是观心上的观境。这样,空也是因空观的观想而空的。经上说种种法空,但依能观的观慧而观之为空,于外境上不起执著而离戏论,所以名空,而实此种种法是不空的。这等于说:空是观心想像所成的,不是法的本相。这样,必执有不空的,不能达到也不会承认一切法空的了义教说。"所缘空",与上说相反,是所缘的境界是空的,能观心这才托所缘空境而观见它是空。此所缘空,即必然是能观不空,这与前三空中的观空相近。不过,观空约境随观心而转移说,所缘空约所缘境无实说。龙树曾评论道:"有人言:三三昧无相无作心数法名为空,空故能观诸法空。有人言:外所缘色等诸法皆空,缘外空故名为空三昧。此中佛说,不以空三昧故空,亦不以所缘外色等诸法故空。……离是二边说中道,所谓诸法因缘和合生,是和合法无有一定法故空。"龙树所明此——《般若经》中所说的"无有一定法故空",即说一切法缘合而成,缘合即无定性,无定性即是空,此空即指无自性的毕竟空说。由此可知,中观的空义,约缘起法的因果说,从缘起而知无自性,因无自性而知一切法毕竟皆空。若偏于三昧空或所缘空,专在认识论上说,不能即缘起知空,即不能达到一切法空的结论。

自空与他空,系两种不同的空观。譬如观花空,自空者说:花的当体就是空的。他空者说:此花上没有某些,所以说是空,但不是花的本身空。如《瑜伽论·真实义品》说:"由彼故空,彼实是无;于此而空,此实是有:由此道理,可说为空。"这即是说:

在此法上由于空去彼法，没有彼法可以说为空，但于此法是有的。唯识学者说空，无论如何巧妙的解说，永不能跳出此他空的圈子。此他空论，也不是唯识学所特创的，它的渊源即远从萨婆多部而来。有名的世友论师曾说：空与无我不同，无我是究竟了义的，空不是究竟了义的。如说五蕴无我，这是彻底的，确乎是无我的；若说五蕴为空，这不是彻底的。由于五蕴无我，所以佛说空，而于此色、受等五蕴却是不可空的。如解经说“诸行空”，也说：诸行中无我我所，所以是空，不是诸行的行空。唯识学者继承此种思想，所以说：由于依他起上，远离遍计所执相，名之为空；而依他起是自相有，不能说为空的。这种他空论，早已根深蒂固而必然地与自性有论相结合。说得远一点，他空的思想，早见于《中阿含经》中，如《中阿含经》的《小空经》，就是他空论。这种思想，与西北印度的佛教有关。《小空经》中的他空，即除去某一些而留存某一些——本是禅定次第法，称之为空，而不能一切空的。此经以“鹿子母堂空”为喻，如说鹿子母讲堂空，是说讲堂中没有牛羊等所以说空，非讲堂是空，也不是讲堂里没有比丘，更不是别处没有牛羊，才说为空。这是浮浅的空观，《楞伽经》称之为“彼彼空”，最粗而不应该用的。这种“由彼故空，彼实是无；于此而空，此实是有”的空观，有种种的样式，而根本的方法不变。所以唯识学者的空义，实以西北印的他空论为本，虽接受了大乘的一切法空说，而究竟隔着的。至于自空，也是渊源于《阿含》的。如《杂阿含经》说：“常空……我我所空，性自尔故。”这即是说：常、我、我所的当体即空；不是空外另有常、我、我所等不空。常、我、我所等所以即空，是因为常、我、我所的性自尔故。又如《杂阿含》三三五经《第一义空经》说:无我我所而有因果业报流转事,但不是胜义谛中有此因果业报流转等,所以说:"俗数法者,谓此有故彼有,此生故彼生,谓无明缘行。"缘起因果的相续有,是世俗的,胜义谛中即无我我所而空。世俗有与胜义空,此经即概略指出了。总之,自空乃即法的当体而明空,他空则在此法上空去彼法而明空的。所以中观所说的世俗假名有,胜义毕竟空,他空论者是不能承认的。他们照着自己的意见而修正说:一切皆空是不了义的。这与自性空者处于相反的立场。后来唯识学者论空,只约遣去遍计所执说;不但不能说缘起即空所显,也不能当下确认诸法皆空,所以自空与他空是根本不同。假使引用《成唯识论》所说"若执唯识是实有者,亦是法执",以为唯识也说缘起心心所法空,不免附会。

我觉得中观者的一切法空,主要是从缘起因果而显的,而唯识宗是从认识论上说的。唯识者以为从因果缘起上明空,是共小乘的,不彻底的;大乘应从认识上说。如《摄大乘论》说:"自然自体无,自性不坚住,如执取不有,故许无自性。"无自性,不是说自性完全没有。如未来法,在未来而生,必待因缘而决无自然生的,所以名无自然性。过去已灭无体,即颂中的自体无。现在生灭不住,即颂中的自性不坚住。这是约三世因果的流动,说无自性。《阿含经》有这种说法,所以《摄论》以为这是共小乘的。"如执取不有,故许无自性",这是约遍计无自性讲,于一切法执自相、共相、我相、法相等,都是依名计义,依义计名而假名施设的,不是自相有的;离此遍计的非自相有,即大乘的空无自性说,这是唯识学者自命为不共小乘的地方。然细究这"执取相不有”,《阿含经》也多说到“不可取,不可得”。“如执取不有”,声闻学者确乎也是可以达到的。《杂阿含》九二六经说:迦旃延入真实——胜义禅时,不取一切相而入禅。别译又说:“但以假因缘和合有种种名,观斯空寂,不见有法及以非法。”《真实义品》引此以为离言法性的教证,焉能说声闻法无此?由此可知,认识上不执取种种相的空,也是共小乘的。依缘起因果法以明无自性空,与《摄论》三说不同。缘生即无自性,自性不可得即是空;因为无自性空,所以执有自性戏论为颠倒,而如实正观即不取诸相。入胜义禅时,不取一切相,这当然不离缘起因果而安立。《般若经》曾说:若有一法可得,诸佛菩萨应有罪过——有执著即是杂染不清净法,也是《阿含》所说过的。依缘起因果法直明一切法空,是空门;不取一切相,是无相门。空门、无相门、无作门,方便不妨不同,而实则一悟一切悟,三解脱门同缘一实相。中观以缘起无性的空门为本,未尝不说无相门。而唯识专从观空以明“不如所取有”,不能即因果而明空,此即是二宗的不同。上明缘起无自性,都是为了说明空的定义。龙树论说到的地方很多,根本与其他的学派不同。所以不能望文生义,见了缘起、自性、空的名辞,就以为是同归一致的。

第四节 缘起自性空

现在,把上面讲的缘起、自性、空,总合起来说:缘起与自性是绝对相反的,缘起的即无自性,自性的即非缘起。一般的众生、外道以及佛法中的其他各派,都是以自性为根源而出发的。

而佛陀的所以与外道不同，即是“我说缘起”、“论因说因”。所以依中观说，中观可称缘起宗，其他各派可称为自性宗，也即是空有二宗的分别处。若以缘起与空合说，缘起即空，空即缘起，二者不过是同一内容的两种看法、两种说法，也即是经中所说的“色即是空，空即是色”。缘起与空是相顺的，因为缘起是无自性的缘起，缘起必达到毕竟空；若有自性，则不但不空，也不成为缘起了。外人以为空是没有、是无，今说缘起即空，即误以为什么也没有了。因为在他们，缘起是可以有自性的，缘起与空是不相顺的。而在中观者，因为一切法毕竟空，所以有不碍生死流转以及还灭的缘起法。中观所说的空，不是都无所有，是无自性而已。如水中的月，虽月性本空，而月亦可得见。所以空与缘起是相顺的，如离缘起说空，说缘起不空，那才是恶取空。论到空与自性，一方面，自性是即空的，因为自性是颠倒计执而有的，没有实性所以说自性即是空。然不可说空即自性，以空是一切法本性、一切法的究竟真相，而自性不过是颠倒、妄执。但以究极为自性说，空是真实、是究竟，也可能说空即（究极）自性。如《般若经》说：“一切法自性不可得，自性不可得即一切法之自性。”约毕竟空说，也可以说为实相、实性、真实。因为寻求诸法的究极性，即是毕竟空的，今还其本来之空，无增无减，而不是虚诳颠倒，所以也可说真说实。总结地说，如此：

自性与缘起——相反相夺的——自性非缘起，缘起非自性。

缘起与空寂——相顺相成的——缘起故空寂，空寂故缘起。

空寂与自性
- 相顺而相反——自性即空寂，空寂非自性。
- 相反而相成——无自性故空，空故即自性。

第六章　八不

第一节　八事四对之解说

龙树的《根本中论》,开首以八不——不生不灭、不常不断、不一不异、不来不出的缘起开示中道。龙树为何以此缘起八不显示中道？八不究竟含些甚么意义？

要明了八不,先要知道所不的八事。这八者,是两两相对的,即分做四对:生灭、常断、一异、来出。先说生与灭:生灭,在佛法里是重要的术语,三法印的诸行无常,即依生灭而说明的。此生与灭,或说为有为——诸行的四相:生、住、异、灭。本无今有为生,有而相续为住,变化不居为异,有而还无为灭。如人的成胎为生,从成胎到发育完成健在为住,一天天的衰老为异,临终的死亡为灭。或说为三有为相:生、异、灭。住相含摄在异中,因为一切法都在不息地变化,没有绝对的安住性,不过在生而未灭的当中,称此相对的安定为住。此安住即是变化不定的,所以或称为住异。或说生灭二相,依一般的事物相续看,可有生灭当中的住异相;若从心识的活动去体察,是“即生即灭”,竟无片刻的安定，只可说生灭。虽有此四种、三种、二种的不同，然基本原则，都是说明诸法从生至灭与生了必归于灭的过程，所以每以这基本的生灭说明无常。

对于无常生灭的一切，细究起来，可有三种：一、一期生灭，这是最现成的，人人可经验而知的。如人由入胎到死去等，有一较长的时期，如上四相所说。如约器界说，即成与坏，或成、住、坏。二、一念——刹那生灭，不论是有情的无情的，一切都有生灭相，即存在的必归于息灭。推求到所以生者必灭，即发觉变化的并非突然，无时无刻不在潜移密化中。即追求到事物的刹那——短到不可再短的时间，也还是在生灭变化中的。佛法说"一见不可再见"，因为一眨眼间，所见的似乎一样，而早已不是原样了。庄子说"交臂非故"，也是此义。这个刹那生灭，好学深思的哲人们，都多少的推论到。近代的科学者，已证实人们的身体，不断地在新陈代谢。三、佛法还说到另一生灭，可称为大期生灭。众生的生死流转，是无始来就生而灭灭而又生的，生灭灭生，构成一生生不已的生存。我们知道一念——刹那生灭，灭不是没有了，还继续地生灭灭生而形成一期的生灭。从此可知一期一期的生死死生，同样的形成一生生不已的生命之流，都可称之为生。到生死解脱的时候，才名为灭。这如缘起法所说的："此生故彼生"，即是生死的流转——生；"此灭故彼灭"，即是流转的还灭——灭。刹那生灭是深细的；此大期生灭又是极悠远的，每非一般人所知。

更进一步来说与生灭有关系的有与无。"有"与"无"，依现代的术语说，即存在与不存在。此有无与生灭，彻底地说，有着同一的意义。如缘起法说:“此有故彼有,此生故彼生;此无故彼无,此灭故彼灭。”这可知有与生为一类,无与灭又是一类。外道及一般人,每以为有即是实有,无即实无,即什么都没有了,这是极浮浅的见解。此一见解,即破坏因果相——和合与相续。佛法彻底反对这样的见解,称之为有见、无见。这有见、无见,佛法以生灭来否定它、代替它。一切法之所以有、所以无,不过是因缘和合与离散的推移;存在与不存在,不外乎诸法缘生缘灭的现象。即一切法为新新非故、息息流变的有为诸行,从不断地生灭无常观,吐弃了有即实有、无即实无,或有者不可无、无者不可有的邪见。一类世间学者,以抽象的思想方法,以为宇宙根本的存在是有,与有相对的不存在是无;从有到无,从无到有,而后成转化的生灭。这是以为先有无而后生灭的。依佛法,凡是有的,必然是生的,离却因缘和合生,即不会是有的。因此,因中有果论者的“有而未生”,为佛法所破。《观有无品》说:“有若不成者,无云何可成?因有有法故,有坏名为无。”这是说:依有法的变化趋于灭,灭即是无。离了有法的变异即没有灭,离了灭即没有无。若灭是存在的灭,不是存在的缘散而灭,那就是连无也无从说起。所以《观六情品》说:“若使无有有,云何当有无!”这样,有与生、灭与无,是有着同一的内容。生起就是有,灭去即是无。一般人对于有与无,每落于静止的观察,所以都想像有与无约体性说,以生灭为约作用说。其实,体用如何可以割裂?佛法针对这点,以生灭为有无,如《观三相品》说。中观者深研生灭到达刹那生灭,所以发挥生灭即有无,确立动的宇宙观。但从念念生灭而观相续的缘起,那么有与生,无与灭,也不妨说有相对的前后性。如十二缘起支中说的“取缘有，有缘生”，即有在先而生在后；有即潜在，生即实现。灭了而后归于无，也好像灭在先而无在后。但这都约缘起假名相续的意义说，否则会与外道说相混。此生与灭，含摄了哲学上的存在与不存在、发生与消灭等命题。

再说断常：佛法中弹斥外道的有无，多用“生灭”。而此下的断常、一异、来出，为当时外道戏论的焦点，所以多方地破斥它。常，在释迦时代的外道，是约时间变异中的永恒性说的。断，是中断，即不再继续下去。例如外道执有神我，有此常住的神我，所以从前生到后生，从人间到天上，前者即后者，这种有我论者即堕常见。如顺世论者，不信有前世后世，以为现在虽有我，死了即甚么也完了，这即是堕于断见的断灭论者。凡是佛法，决不作如是说。根本佛法以缘起生灭为出发，以无常而破斥此等常见；但无常是常性的否定，而并不是断灭。佛法都说生灭与相续，此常与断是极少引用为正义的。然而不常不断的生灭相续，意义非常深玄。一分学者大谈生灭相续，而又转上了断常之途。举例说：萨婆多部主张三世有，一切法体是永远如此的——法性常如。从未来到现在，从现在到过去，说生灭，说相续，不过在作用上说。他们虽也说诸行无常，然依中观者看来，是落于常见的。如经部师，以种子现行来说明因果。然而从大期生灭的见地去看，“涅槃灭相续，则堕于断灭”（《观成坏品》）；从刹那生灭的见地去看，“若法有定性，非无则是常；先有而今无，是则为断灭”（《观有无品》）。他即使不落于常见，断见还不免呢！只要是执为自性有、自相有的，是难于避免常断过失的，所以说"若有所受法，即堕于断常"（《观成坏品》）。若法执为实有，现在如此，未来也应如此，即堕于常见。若说先有而后无，即是落于断见。《观有无品》和《观成坏品》，明确地指出这种思想的错误。《六十如理论》也曾说到："若有许诸法，缘起而实有，彼亦云何能，不生常等过？"故此中所讲的断常，是非常深广的。甚至见有烦恼可断，即断见；有涅槃常住，即常见。而涅槃是"不断亦不常，是说名涅槃"（《观涅槃品》）。总之，不见缘起真义，那恒常与变化，变与不变，为此常见、断见所摄。

一异，是极重要的，印度六十二见即以此一见异见为根本。现代辩证唯物论所说的矛盾统一等，也不出一异的范围。一即同一，异即别异，且说两种看法：（一）如茶壶的整体是一（《金刚经》名为一合相），壶上有盖、有嘴、有把等是异；人是一，眼、耳、手、足等即异。或名此一异为有分与分：分即部分，有分即能包摄部分的。换言之，就是全体与部分。全体即是一，全体内的部分即异。然而如分析到不可再分割的部分，又即是"其小无内"的小一，统摄于有分的全体。（二）如此个体而观察此外的一切屋宇鸟兽鱼虫草木等，此即一，而彼彼即异，所以异又译为种种。而此种种，或又统摄于一，即所谓"其大无外"的大一。此外，如从类性去看，如说人，你、我、他都是人，即是同一；然我是张某，你是李某，乃至智愚强弱各各不同，即是异。在此彼自他间，有共同的类性是一，不同的性质是异。而此一中有异，异中有一，是可以种种观待而施设的。胜论师有同异性句，即以一异为原理，而使万有为一为异，《中论》也有破斥。一异中，包括的意义极多。《华严经》明六相——总、别、同、异、成、坏；总别、同异四相，即是此处所说的一异。缘起幻相，似一似异，而人或偏执一，偏执异，或执有离开事实的一异原理。总之，这是世间重视的两个概念。

来出，出又作去。从此到彼曰去，从彼到此为来。如变更观点，那甲以为从甲到乙的去，而乙却以为从甲到乙为来。来去即是运动，本是一回事，不过看从哪方面说罢了！世间的一切，我与法，凡是有生灭动变的，无不可以说为来去。

现在，更进说龙树为何只说这四对？为什么如此次第？《阿含经》中，如来散说缘起的不常不断等，龙树特地总集地说此八不。依《阿含经》，不妨除去“不生不灭”而换上“不有不无”。《阿含》的缘起论，是“外顺世俗”，以生灭的正观而遣除有无、常断、一异、来去的。但由于某些学者的未能“内契实性”，浅见地分别名相，而不能如实正观缘起，说生说灭，依旧落入有无的窠臼。所以深入缘起本性者，宣说不生不灭的缘起，遣除生灭——即有无的妄执，重行阐明释迦的真义。大乘的八不缘起，吻合释尊的深义，而从施设教相的方便说，是富有对治的新精神。

这四对，说明法的四相。无论是小到一极微，大到全法界，没有不具备此四相的，此四者是最一般而最主要的概念。我们必须记着，这四者是不能说为前后次第的，是“说有次第，理非前后”的。如顺世间的意见说，不妨说有次第。佛说：世间的学者，不依于有，即依于无。一切无不以“有”为根本的概念，此“有”，一般的——自性妄执的见解，即是“法”“体”“物”，这是抽象地而又极充实的。如不是这样的有，即是无，什么也不是的没有。此有与无,是最普遍的概念,抽象地分析起来,是还没有其他性质的。如将此有与无引入时间的观察中,即必然地成为常见或者断见。如有而不可无的即是常,先有而后可无的即是断。常断,即在有无的概念中,加入时间的性质。《杂含》九六一经说:"若先来有我,则是常见;于今断灭,则是断见。"如将此有无、常断,引入空间的观察,即考察同时的彼此关系时,即转为一见与异见。人类有精神与物质的活动,外道如执有神我常在者,即执身(心色)、命(神我)的别异;如以为身、命是一的,那即执我的断灭而不存在了。此一异为众见的根本,比有无与断常的范围更扩大;它通于有无——法体,断常——时间,更通于空间的性质。但这还是重于静止的,法体实现于时、空中,即成为来去:或为时间的前后移动,或为空间的位置变化。法体的具体活动即来去,来去即比上三者更有充实内容了。此来去,如完满地说,应为"行、止",《中论·观去来品》即说到动静二者。在《阿含经》中,外道即执为"去"与"不去"。所以,如以世间学者的次第说,即如此:

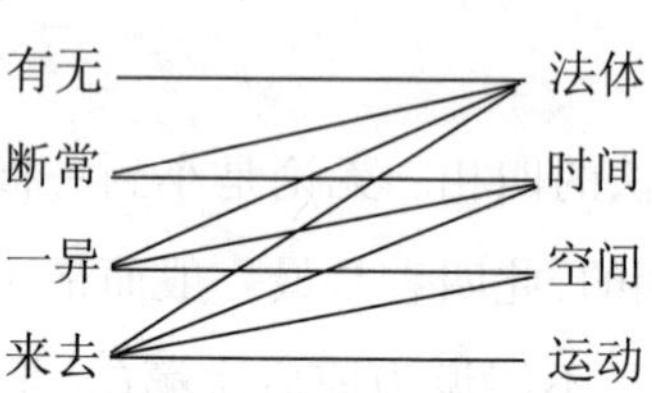

如上面所说,中观者是以此四相为一切所必备的,决无先后的。释尊的教说,以生灭为三法印的前提。生(异)灭,被称为"有为之三有为相",即"有为"所以为有为的通相。原来,kṛtya是力用或作用的意义。kṛta,即是"所作的"。佛说的"有为"与

"行",原文都以此作用为语根,如行 saṃskāra 是能动名词,意思是(能)作成的,或生成的。而有为的原语,是 saṃskṛta,为受动分词的过去格,意思是为(因)所作成的。这为因所成的有为,以生灭为相,所以生灭为因果诸行——有为的必然的通遍的性质。因果诸行,是必然的新新生灭而流转于发生、安住、变异、灭无的历程。释迦的缘起观,以此生灭观即动观中,否定有见与无见。然佛以此生灭为有为诸行的通遍性,即从无而有从有还无的流转中正观一切,并非以此为现象或以此为作用,而想像此生灭背后的实体的。但有自性的学者,执生执灭,流为有见无见的同道者。为此,中观者——大乘经义,从缘起本性空的深观中,以此生灭替代有无而否定(除其执而不除其法)他。如从无自性的缘起而观此四者:生灭即如幻如化的变化不居的心色等法,即不离时空的活动者。从特别明显的见地去分别:生灭(法)的时间相,即相似相续,不断而又不常的。生灭(法)的空间相,即相依相缘,不异而不即是一的。此生灭的运动相,即时空中的生灭者,生无所从来而灭无所至的。约如幻的无性缘起说,姑表拟之如下:

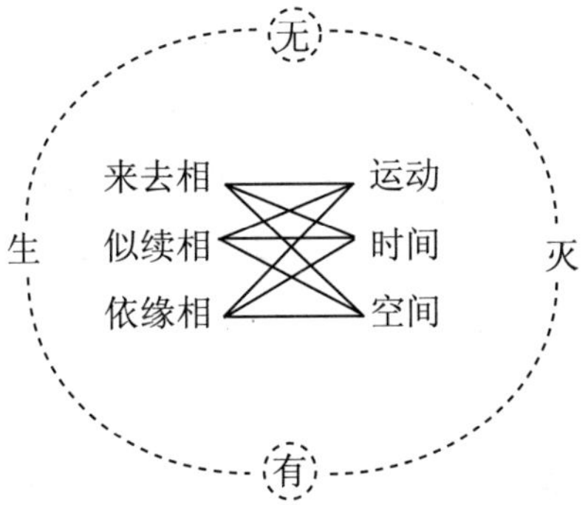

第二节 不

八不所不的八事四对，是一切法最一般的普遍特性。龙树总举此八事四对而各加一“不”字以否定之，虽只是不此八事，实已总不了一切法。八事四对，为一切法的基本通性，八者既皆不可得，即一切法不可得；从此即可通达诸法毕竟空的实相。青目说：论主以此不生亦不灭的“二偈赞佛已，则为已说第一义”。第一义是圣者所体证的境界，即一切法的真相、本性。他又说：“法虽无量，略说八事，则为总破一切法。”他以破一切法尽显第一义，解说此八不的。然青目的解说八不，分为两段：一、专就破生灭、断常、一异、来去的执著以显第一义，是约理说的。如法的实生既不可得，灭也就不可得了，无生哪里会有灭呢？生灭既不可得，断常、一异、来去也就不可得了。二、举事例以说明八不：如谷，离从前的谷种，并没有今谷新生，故不生；而谷从无始来，还有现谷可得，故不灭。虽然谷是不生不灭的，以后后非前前，故不常；年年相续有谷，故不断。由谷生芽、长叶、扬花、结实，即不一；然谷芽、谷叶、谷花、谷实，而非麦芽、麦叶、麦花、麦实，也不可说是完全别异的。谷不自他处而来，亦不从自体而出，即不来不出。这可见青目的八不义，是即俗显真的。古三论师以青目此两段文：前者是依理说的，后者是据事说的。因为八不非仅是抽象的，即在一一的事上以显出八不。青目的举谷为例，即是就世俗谛以明第一义的好例。古代三论师，以为二谛皆应说不生不灭等的，那么青目为何说不生等为明第一义谛呢？古师说：

青目所说的第一义，是指中道第一义说的，但此义极为难知！

清辨释也分为二说：一、如说："彼起灭、一异，第一义遮；彼断常者，世俗中遮；彼来去者，或言俱遮。"这是说：生灭与一异，是约第一义谛而说为不的；断常即约世俗谛而说不的；来去，二谛中都不可得。这种说法，也有他相当的意义。因为佛说缘起法是不断不常的，缘起法是约世谛安立，所以世俗缘起法是不断不常的，即此而显生死相续的流转，故清辨说不断不常约世俗谛说。二、又说："或有说言：如是一切第一义遮。"这以为八不都约第一义谛的见地说，因为在第一义空中，生灭、断常、一异、来去都是不可得的。清辨释曾引到此二家的说法，第二说即与青目说同一。

约第一义以说明不生不灭等八不，当然是正确的，然仅此不能圆满地了达八不。中国古三论师，即不许此说为能见龙树的本义，以为此第一义是约中道第一义说的。三论师此说，着眼于中道，即真俗相即不离的立场，但这同基于第一义（圣者境地）的特色而成立。如以般若慧体证法法无自性的毕竟空，这是真谛（即第一义）的第一义；从体见空性而通达一切法是不生不灭的如幻如化，这是世俗的第一义。若二谛并观，此即中道的第一义了。这都从第一义空透出，都是从自性不可得中开显出来的事理实相。依诸法的自性不可得，所以了知诸法是如幻缘生的；也必须依此如幻缘生法，才能通达自性不可得。月称等也这样说：如说空，唯为寻求自性，不能说自性空而可以破缘起诸法，但缘起法不能说不空。缘起即是无自性的缘起，所以也即是空。若说性空为空，而缘起不空，即是未能了解不生不灭等的深义。

所以八不的缘起,可简括地说:以胜义自性空为根本,即以第一义而说八不;胜义不离世俗一切法,即一切法而显,所以通达真俗皆是不生不灭的,这才是八不的究竟圆满义。

中国古三论师,如嘉祥大师,于八不的解说,曾提出三种方言,即以三种说明的方式来显示八不。今约取其义(不依其文),略为说明:一、世谛遮性,真谛遮假。如说:世俗谛中,假生不生,假灭不灭;胜义谛中,也假生不生,假灭不灭。世俗与胜义虽都说为假生不生,假灭不灭,而含义不同。世俗谛中为破外道等的自性生灭,胜义谛中即破假生假灭,此即近于"空假名"师的思想。二、世谛遮性,真谛泯假。世谛说不生,这是破性生的。前一方言的破假,依此说:因缘假法如何可破?说破假,不过外人执假为定有,执假成病,所以破斥他,其实假是不破的。那么,胜义谛中,假生不生,假灭不灭,是即于一切法的假生假灭而泯寂无相,不是拨无因缘的生灭。如偏取此解,即是"不空假名"师的思想,和唯识宗的泯相证性、依他起不空也相近。三、世谛以假遮性,真谛即假为如。如说:世俗谛中,不自性生,不自性灭,而成其假生假灭。胜义谛中,即此无自性生灭的假生假灭,而成第一义的不生不灭。此即显示假生假灭,是由于自性生灭的不可得;以自性生灭不可得,所以假生假灭。说此世谛的假生假灭,即是第一义的不生不灭,非是离假生假灭而别有不生不灭。以无自性的,所以假生假灭即为胜义的不生不灭。此第三种方言,能双贯前两种方言而超越它,即"假名空"者的正义。但说此三种方言,以一二的两种方言,才显出第三种方言的究竟;前二虽不彻底,也是一途的方便。这三种方言:一、双遮性假,二、遮性泯假,三、即假为如,为说明八不的主要方法。总之,古人解此八不义,有专约第一义谛说、通二谛说的不同。这应以说第一义谛者为根本,以通明二谛者为究竟。

更从浅显处说:依佛的本义,缘起生灭,是约世谛安立的,以此空去妄执的断常、一异、去来,即胜义的毕竟空。此为佛与外道对辩,否定外道的断常、一异、去来,而显示佛法出胜外道之说。外道所计执的,即佛法中常说的十四不可记,即是执断执常执一执异等。佛为说缘起的生灭,即洗除断常、一异、去来等的自性执。遮除此等妄执而显示的缘起的生灭,即能随顺空义而契入涅槃的不生不灭。约有为虚妄,遮除妄执而契证无为,与中观师所说的并没有甚么不同,但不须中观师所说的八不。这在《中论》,也还保存此古意,如《观法品》说:“若法从缘生,不即不异因,是故名实相,不断亦不常。”诸法从因缘生,非是无因生,从此遮除断常、一异等过,即名实相。论又说:“不一亦不异,不常亦不断,是名诸世尊,教化甘露味。”这即是说,世尊的妙法甘露——缘起(生灭),即能遮众生妄执的断常、一异。世尊教化的甘露味,能遮外道的情执,契合于甚深义——《阿含》即说缘起是甚深的,决非取相的学者所知。佛弟子依自己所体验到的,窥见释尊缘起的根本深义与适应时代的偏执,所以广说法空。今龙树即总摄为八不,以彰显佛法深义。

八不所不的八不四事,已如上说。不的根据,即依缘起法而通达自性不可得。如生灭,《观成坏品》云:“若谓以现见,而有生灭者,则为是痴妄,而见有生灭。”现见,不但是世俗的眼见,更是外道们由定心直觉到的。若以为定中亲证法有生灭,这不是真悟，而反是愚痴妄计。因为诸法的自性不可得，更何可说法生法灭？如《观业品》中说："诸业本不生，以无定性故；诸业亦不灭，以其不生故。"详此，可知诸法的不生不灭等，即因诸法之本无自性而说。龙树论中偏重破生，生破，灭当然也不成立。龙树破生，是从两方面而征破的：一、推究他如何而生？二、佛说法生，学者不解佛意，以为"法"是一物，另有名为"生"者，以为"生"能生彼法。这如萨婆多部的不相应行的生灭实法，《中论》的《观三相品》，即广破此执。

推究法的如何生起？不外有因生与无因生，如论中说："诸法不自生，亦不从他生，不共不无因，是故知无生。"自生、他生、共生，这是计有因生；无因，即计无因而生。一切法的生起，不出有因无因。这在一般学者，也以为或有循着必然性的，或有偶然性的。必然性的，即由某些关系条件，必然地发生某果。此四生，如说眼识生，计自生者，以为眼识是本有的，生即本有眼识的现起。计他生者，以为眼识依根、境、明等众缘而生，眼识从某种因缘中发生。计共生者，以为本有的眼识，与根、境等缘相合而后生起。这些皆是计有因生；还有计无因生。这四种，可以总括一切自性论者。自生，在论理上根本就不通，因为自即不生，生即不自，说自己是存在的而又说从自己生，这不是矛盾吗？他生，如眼识生，是根生的呢？还是境生，抑是光等缘生？若根不能生，境不能生，光等也不能生，那还可以说是他生吗？自、他，既各各不能生，自他合的共生，当然也不能成立。无因生又与事实不相符，如一切是偶然的，即世间无因果轨律等可说。这有因生与无因生的四生，既皆不能生，那么究竟怎么生呢？佛法称之为因缘生。有些学者,以为因缘生与他生、共生无何差别,这是没有懂得缘生的真义。佛说的因缘生,是不属于四生的。因为四生都是计有自性生的,缘生是否定自性。凡执有自性的,即落于四生;缘生即如幻,不堕于四生。所以经中说:"若说缘生即无生,是中无有生自性。"不执有自性,即不犯前四生过,成缘生正义。

萨婆多部等以为眼识是一自性有法,眼识生的"生",又是一自性有法,各有自性。以此"生"有作用,能生起眼识;眼识之外,另有此能生眼识的"生"。自性论者,在刹那生灭的见地,有为法有生住灭的三有为相,是不免有些困难的。龙树曾以聚散来破斥:聚,是执生住灭三者是同时存在的;散,是执生住灭三者是前后各别的。在执有自性者,不论执聚或执散,论理上都是说不通的。比如时间最短不过的刹那,经部师和上座部他们,主张生灭不同时的,这不同时的前生后灭,约刹那心上说。若生时与灭时不同而又同在此一刹那心,则一刹那已可分为前后两时,即不能成立刹那是时间中最短的。而且,一切因果诸行在息息变灭中,决无生(或住)而不灭的,如《中论·观三相品》说:"所有一切法,皆是老死(异灭)相,终不见有法,离老死有住。"所以在最短的时间,经部与上座部,即不能成立有三有为相的生住灭,也即是不能在法的当体了知其即生即灭的缘起正理,仅能粗相的在相续上说有生有灭。

萨婆多部是主张生住灭同时的,换句话说:有"生"时,即有"住",也即有"灭"。但这在自性论者,论理上是矛盾的——自性论者是不能容许矛盾的。生时有住也有灭,则此法究竟是生是住还是灭？这是一个难题。在此，萨婆多部给以“体同时，用前后”的解说。他们说：“生”起生用的时候，虽已有“住”与“灭”的体，而还没有起住用与灭用。这样，“住”现起住用的时候，“生”与“灭”同在，而生的作用已息，灭的作用未来。等到“灭”现起作用时，同样地，“生”“住”之体还现在，而作用已息。这样说生住灭同时，而又说生住灭作用不同时，似乎可以避免作用的矛盾，而又可以成立同时有“三有为相”了。但在中观者看来，“体同时，用前后”，是不可能的事。既说有前后的生等作用，为什么不许生等的体有前后？生等的体既同时，为何不许同时有生等的作用？把体用划分两截，事实上哪会有离体之用、离用之体呢？所以，终不免《中论·观成坏品》所说的“若言于生灭，而谓一时者，则于此阴死，即于此阴生”的过失。总之，各部所说的生住灭同时不同时，困难在执有自性的生住灭。执有自性，此即如此不可彼，彼即如彼不可此，即无法解说如来“即生即灭”的缘起正理。反之，唯有无自性执，了知一切法自性空，而后缘起的即生即灭，无不成立。

常与断，特别是外道的执著。执时间上前后是同一的，即常；执前后非同一的，是断。若常、若断，这在《中论》里，是不屑与共论的。因为断与常，违反缘起因果的事实。佛法中不问大乘小乘，都是主张不断不常的。可是在法法自性有、自相有的见地上，这些佛法中的部派，虽不愿意承认是常是断，而到底不免于是常或是断。如三世实有者，以为法体是本来如是的“自性恒如”；从未来（此法未起生用时）到现在，从现在到过去，有三世的因果迁流，所以不常；而因果连续故不断。然而可能没有中断的过失,但这三世恒如的法法自体,又怎能不落于常见?又如现在实有论者,说过未非有,永远的唯是现在刹那刹那的生灭。过去的刹那灭,并非实有过去,而实转化到现在,现在的不就是过去。从现在有可至于未来,名为未来,而实未来未生,即没有实体。这样,三世恒常的过失可避免了,然唯此一念,前后因果的连续不断,又不免成了问题。这些,都是根源于时间观的不同而来。据唯识大乘者说:若不照着唯识者所说,那就会堕于断或堕于常。唯识者主张过未无体,所以不会犯常见,而问题在如何不落于断?他们以为:如前念灭后念生,人中死天上生,这其中非要有一相续而从来没有中断者为所依,这才能担保他不落于断。一切法都是无常生灭灭生的,但某些法,灭已而可以某些时间不生起的,所以必有一为此不能恒时现起的生灭灭生法作依止处,否则一切因果都不能建立,这即是阿赖耶识。一切法的不断不常,由阿赖耶识的"恒"时流"转"而安立因果的不断,在唯识者看来,这是再恰当不过的。阿赖耶识的受熏持种说,是属于现在实有论——过未无体论的立场,唯是现在,但可假说有过去未来。例如现在的现行法,是赖耶中的种子所生的,而此所因的种子,曾受从前的熏习,所以说有过去,说从过去因而有现在果。现在的现行,又熏为赖耶的种子,可以成熟而生未来果,所以说有未来,说现在为因而有未来果。谢入过去而实转化到现在,存在现在而可引发于未来,过去未来都以现在为本位而说明。这虽可约现行说,而约阿赖耶识的种生现、现生种的种现相生,能说明三世的因果不断。然而凭着"恒转"的阿赖耶,果真能成立因果的不断吗?唯识者说:以恒转阿赖耶为摄持,成立因果的三法同时说。如眼识种子生灭生灭的相续流来,起眼识现行时,能生种子与所生现行,是同时的。眼识现行的刹那,同时又熏成眼识种子,能熏所熏也是同时的。从第一者的本种,生第二者的现行;依第二者的现行,又生第三者的新种。如说:"能熏识等从种生时,即能为因复熏成种,三法展转,因果同时。"这样的三法同时,即唯识者的因缘说,而企图以此建立因果不断的。他想以芦束、炬炷的同时因果说,成立他的因果前后相续说。本种即从前而来,意许过去因现在果的可能;新熏又能生后后,意许现在因未来果的可能。然而在这同时因果中,仅能成同时的相依因果,哪里能成立前后的相生因果?三法同时,想避免中断的过失,结果是把因果的前后相续性取消了!与此三法同时说相关的,唯识者还有生灭同时说,如说:"前因灭位,后果即生,如称两头,低昂时等。如是因果相续如流,何假去来方成非断!"这到底是约三法同时说呢?约前种后种相续说呢?约三法同时说,因(本种)灭果(现行)生同时,即显露出三法的不同时了。

本种灭—— 同时—— 现行生
‖
现行灭—— 同时—— 新种生

如约前种后种相续说,前种灭时即是后种生时。什么是灭时,还是已灭?还是将灭而未灭?假使将灭而未灭,那么同时有两种子了。如已灭,灭了将什么生后种?唯识学者应该知道:离已灭未灭,并没有灭时存在!所以,即使有阿赖耶为一切依止处,而推究赖耶种子与现行的因果说,如何能不堕断灭!

《中论》里关于破常断的方法很多,这里用不着多讲。总之，断常的过失，是一切自性有者所不可避免的。离却自性见，才能正见缘起法，因果相续的不断不常，才能安立。

《中观论》对于执一执异，特着重破异。一般的说来，佛法破斥外道多重于破一，因外道大抵皆立一其大无外的大一，如大梵、神我等。佛说诸法缘起，生灭不住，使人了知诸法无我。如说五蕴、十二处、十八界、十二支缘起等，重在破一。后因小乘学者不解佛法的善巧，以五蕴等虽求我性不可得，而蕴等诸法不无，每堕于多元实在论。声闻者多执此差别诸法为实，故《中论》特重破异。“青目释”中，评学者不知佛意，故执五蕴、十二处、十八界等有自相，执有自性即自然的而流于执异。缘起法本是有无量差别的，虽有差别而非自性的差别。《中论》为建立中道缘起，故说：“异因异有异，异离异无异，若法从因出，是法不异因。”（《观合品》）异，即是差别，但差别不应是自成自有的（自己对自己）差别。如油灯观待电灯而称差别，则油灯的所以差别，是由电灯而有的；离了电灯，此油灯的别相即无从说起。故油灯的别相，不是自性有的，是不离于电灯的关系；既不离所因待的电灯，即不能说绝对异于电灯，而不过是相待的差别。所以，诸法的不同——差别相，不离所观待的诸法，观待诸法相而显诸法的差别，即决没有独存的差别——异相。如果说：离所观的差别者而有此差别可得，那离观待尚无异相，要有一离观待的一相，更是非缘起的非现实的了。在缘起法中了知其性自本空，不执自相，才有不一不异的一异可说。

来去，偏在法的运动方面说。执来去相，如《中论》的《观去来品》中广破。此运动相，若深究起来，极不容易了解。如依于空间的位置上说:从甲的那里到乙的这里,此在甲方曰去,在乙则曰来。但如执有自性,那么从甲到乙的中间距离,从其丈尺寸分乃至追究到空间的点,此运动的性质即消失无余。在此就在此,在彼就在彼,在这空间点既不能说有动相;积无量的空间点,自也不应有运动相。所以自性论者,每每把一一法看成静止的。每以为如电影:影片本是一张张的板定——不动物,经电力而似有动相,影片本身虽无有运动,但观众见为活动而非不动的。中观者依此而批评他们,使他们感到来去不可得。不但动不可得,而静止也不可得,这在下章中再为提到。

上来所讲的八不,要在破除众生的自性执。诸法的自性本空,没有自性的生灭、断常、一异、去来;故《中论》约自性不可得义,遍破一切自性生灭的执著。世间一般人以及外道,有所得的声闻行者,菩萨行者,不能体认一切法空,总执有实在性的法。从常识上的实在到形而上的实在,不能超脱自性妄见。此自性见,通过时间性,即有常见、断见;通过空间性,则有一见、异见。在时空的运动上,则有来去执;在法的当体上,则有生灭执。其实八者的根源,同出于自性执。如常见断见,看来似乎不同,实则妄执的根源是一。如执为前后一样是常执,执前后别异为断执。常执是以不变性为根源;断执也还是以不变性为根源,前者是前者,后者是后者,前后即失却联系。又如一异也是这样,执此法是自性有的,不依他而有的,是执一;自法是自性有的,他法也是自性有的,自他间毫无关系,即是执异。执一执异,可以说是同一错误的两个方式。所以《中论》每以同一理由,而破相对各别的二执,如说:"是法(即此法一)则无异,异法亦无异;如壮不作老，老亦不作老。”所以，知诸法不一，也就知诸法不异；知诸法不常，也就知诸法不断；不生不灭，不来不去，无不由此而得通达。以生灭、常断、一异、来去等的戏论根源，皆源于自性执。自性，即于实有性而显为自有性、不变性、不待他性。此自性不可得，则一切戏论都息。

第七章　有·时·空·动

第一节　有——物·体·法

在“中道之方法论”章里，曾经谈到：中观者与一般人，对于“有”的看法，有一根本的不同。一般人以为有，就是自性有或自体有，这由众生的无始自性妄执而来。中观者以为有，决不是自性有；同时，无自性也不是都无，无自性是不碍其为有的。此理，月称论师也曾如此说：即辨明“有与有性，无与无性”的差别。存在的事理，可以说为有，然与有自性不同；无性，是可以有的，与一切法都无的无不同。有与有性，无与无性，初学中观者应该辨别。其实，教典中不一定这样划分的。依中观者说：有是无自性的有，自性即究极自性不可得。而一般人则以为有是必有自性的，自性即是实有可得的。中观者说无，是异灭的无；无性即自性无。而一般人以为无性即是无，以为即是甚么都没有。外人与中观者，名字同而意解不同；月称不过为不了解中观者方便地分别有与有性、无与无性的界说而已。今此所讲的“有”，即一般人所说的“东西”、物；什译的龙树论，每译之为法。此

“有”，不论是事是理，一般人即以为是实有。中国称之为物，物即代表一切存在或存在的。《易经》说：“方以类聚，物以群分。”就是说：在和合的群聚当中分别，其别别的个体——自相，彼此各别的，即称之为物，此就是一般所了解的东西。《中庸》说：“不诚无物。”又说：“诚者自成也。”诚即自有自成的自性，诚而后有物。诚是自有的物自体，如不诚，即没有自有自成的实体，物即不成其为物。这种思想，即是中观者所要彻底否定的自性论。总之，一般的常识与学者的知识——不属于净智的神秘直觉也在内，都要求一自有自成的，此无论是素朴的实在论与形而上的实在论，但计为自有自成是一样的。前面曾经指出：有是最普遍的概念，这种有强烈的实在性的感觉，是一般人认识上极为基本的。不说现代文明人，即使未开化的野蛮人，或是智识未开的幼孩，他们凡是感觉认识的，不晓得甚么是假有（非中观者的假有，也不会是正确的），凡所觉触到的，都以为是真实存在的。小孩不知镜里影现的人是假有，于是望之发笑而以手去抓。野蛮人不知梦是虚妄不实，故以梦境为千真万确的。这种认识上极普遍的自性感，从原始的、幼稚的，到宗教者与哲学者的神秘深玄的，一脉相通，真是“源远流长”。依佛法说，不但小孩、野蛮人同有此种实在——自性感，就是虫、鱼、鸟、兽乃至最下的动物，凡是能感受到甚么而有精神的作用时，这种实在性的直感，也都是一样的。当然，没有人类意识上的明晰，更没有形而上的实在论者那样说得深玄！人类，由于知识的增进，从幼年到成人，从野蛮到文明，在日常的经验当中，渐渐地觉察到认识到的不一定是实在的。如面饼可以充饥，而画饼无论如何活像的，不能有此作用;梦见的人物,知道不是实有的情事。这在人们的认识上,就有了假有和实有的概念。如萨婆多部等,说法有实有的和假有的。实有的,即觉得有充实内容,甚而想像为形而上的实在。但实有,不一定是可靠的,有的在经验丰富、知识扩展后,即知道过去所认为实有的,不一定是实有的了。如青黄等颜色,似乎是千真万确的,在科学者的探究,知道这是一些光波所假现的。依认识经验的从浅而深,即渐渐地从实有而到达假有。像从前,总以为物质的根源是不可析不可入的实体,现在才渐渐地知道,即使是电子,也还是太阳系式而不是弹子式的。然而常人为此无始来的实有妄见所迷惑,所以虽不断地了达实在者成为假相,而终于觉得它内在的实有,构成假象与实质、现象与本体等偏执。每以为常识上所认识到的不过是现象,现象不一定都是实有自体;而现象的背后或者内在,必有实在的本体在。即使说本体是不可知的,也还是要肯定此实在的实体,从素朴的常识的实在,到形而上的本体的实在,永远地死在实有恶见之下。从时间上说,即追求此实在的根元,即是物的本源性,如何从此本源而发现为万有,如数论学者(发展论)的自性说。从空间上说,每分析到事物——甚至事与理的不可分析的质素,以为一切世间的和合相续,都是从此实有的质素成的,如胜论学者(组织论)的六句说。即使不从时空去考察,在直对诸法的认识上,也觉得现相内有本体的存在。归根结底,这都是从自性——有的计执而来,都从此一度——从现象直入内在的直感实在性而来。

此实在的直感,本于认识根源的缺陷性,成为人类——众生普遍牢不可破的成见。虽因意识的经验推比而渐渐地理解了些,而终于不能彻底掀翻,终于迷而不觉,而想像为"假必依实",从认识的现象而直觉内在的真实。所以,不必是时间的始终寻求,也不必是空间的中边分别,而不能不是直感内在实有的。唯有佛法,寻求此自性而极于不可得,彻了一切唯假名(也有能依所依的层次),一切毕竟空,扫尽一切有情所同病的,也被人看作人同此心、心同此理的戏论——根本的自性妄执,彻底体证一切法的实相,即无自性而缘有、缘有而无自性的中道。

第二节　时间

时间,普通以为这是顶明白的一桩事,像长江大河般的滔滔流来。然而加以深究,即哲学家也不免焦心苦虑,瞠目结舌,成了不易解答的难题。佛在世的时候,外道提出问题问佛:"我与世间常?我与世间无常?我与世间亦常亦无常?我与世间非常非无常?"此中所谓我与世间,即近代所说的人生与宇宙。外道从时间的观念中去看宇宙人生,因为不能理解时间,所以执是常住或是无常等。佛对此等妄执戏论,一概置而不答。

从前,印度有时论外道,其中一派,以时间为一切法发生灭去的根本原因,为一切法的本体。吠师释迦——胜论师在所立的六句义中,实句(九法)中有此时间的实法,看为组成世间的实在因素。考之佛典,佛常说过去、未来、现在的三世说,但时间毕竟是什么,不大正面地说到。譬喻论者、分别论者,才将时间看成实在的、常住的,如《婆沙》卷七六(又卷一三五)说:"如譬喻者分别论师,彼作是说:世体是常,行体无常;行(法)行世时,如器中果,从此器出,转入彼器。”他把时间看成流变诸法——行以外的恒常不变体,一切法的从生而住,从住而灭,都是流转于恒常固定的时间格式中。这种说法,类似西洋哲学者客观存在的绝对时间。把时间实体化,看作诸法活动的根据。“如从此器转入彼器”,不免有失佛意!

依中观的见地来看:时间是不能离开存在——法而有的,离开具体的存在而想像有常住不变的时间实体,是不对的。如《中论·观时品》说:“因物故有时,离物何有时?”故时间不过依诸法活动因果流变所幻现的形态;有法的因果流行,即有时间的现象。时间的特性,即是幻似前后相。一切法不出因果,法之所以有,必有其因;由因生起的,势必又影响于未来。故任何一法,都有承前启后,包含过去引发未来的性质。也就是说,即一一法的因果流行,必然地现为前后延续的时间相。若离开存在的法,而想像常住真实的时间相,那是由于想像而实不可得的。又,时间的特性是有变动相的,因为诸行——一切法都在息息流变的运行着,即在此息息流变的活动中,现出时间的特征。《中论·观去来品》说:“若离于去法,去时不可得。”去,就是运动的一种,离了运动的去,去的时间也就不可说了。前者是说:因存在的——法体而示现时间相,今此依运动而显示时间相。然而这不过是分别的考察,法体与法用是不相离(也是不相即)的,所以也即是依那存在的运动而有时间。

不离存在的运动而有时间相,所以依于法的体、用无限差别,时间相也不是一体的。如我们所说的一天、一月、一年,都是根据某一存在的转动而说的。如依地球绕日一周而说为一年,月球绕地球一周而说为一月，地球自转一周为一日。这种依照存在的运动形相而成的时间，可以说是自然的。而一日分为二十四小时，一小时为六十分等，这都是人类为了计算而假设的。人类假设的时间，可以随时随处因风俗习惯而不同，如现在说一天二十四小时，中国古时只说十二时，印度则说一天有六时。而自然的时间，即随所依存在的运动而安立，在共同的所依（如地球绕日）前，即有一种共同性。但世人每依习惯的方便而有所改动，如佛经说"世间月"为三十日；而以三百六十五日为一年等。佛法中说时间，如大劫、中劫、小劫等，即依世界的灾患与成坏而施设的；短暂的时间，约心行的变动说，所以称为一念、一刹那。

依存在的变动而有时间相，依自心而推论存在变动的极点而说为刹那，但并非有其小无内的刹那量。唯有自性论者，才会想像依刹那刹那的累积而成延续的时间。存在的变动为我们所知道的，即大有延缓或迅速的区别。举例说：假定于——我们所知的一小时内，瀑流的流速为平流的流速的多少倍，依运动而有时间，所以瀑流的时间必长，平流的时间必短。好在瀑流与平流没有自觉，否则或许会说：平水方七日，瀑流一千年。时间依存在的运动而显现，所以此以为极长，彼不妨以为极短。所以佛法中说：一念与无量劫，相摄相入。

时间，因所依一切法的动变而幻现，所以说为各别的时间。但一切法是缘起的存在，是相关相依的，所以世间每依待于一运动形相较安定而显著者——如日、如地球，依它运动的形态而安立时间，因而可以彼此推算。有了共认的时间标准，即尽管此各各的时间不同,而可以比较,互知长短。有了此共同的时间标准,在世俗事件上,即不应妄说即长即短,否则即是破坏世间。就是佛,也不能不随顺世间而说。然而一切是缘起的,缘起法即不能无所依待的;所以虽概括地说一切一切,而到底没有其大无外的大全,也即不能建立绝对的标准时间。唯有自性论者,还在幻想着!

佛法中,现在实有者说:过去、未来是依现在而安立的。他们是以当下的刹那现在为实有的,依现在的因果诸行,对古名今,对今名古,对现在说过去未来。离了现在,即无所谓过去未来。这也有它的相对意义:例如考古学家,因现在掘得出土之物,能考知其多少年代与及从前如何如何,没有此,过去即无从说起。故离了现在,就不能理解过去,并无真实的过去。三世实有论者——萨婆多部,把三世分得清清楚楚,过去是存在的,不是现在未来;现在不是过去未来;未来也是存在的,不是过去现在。唯识家也是现在实有者,所以只知观待现在而说过去未来,而不知观待过去未来而说现在。《中论·观去来品》说:“离已去未去,去时亦无去。”去时,即正去的现在,离了已去与未去,是不可得的,此即显示中观与唯识的不同。中观者说:过未是观待现在而有的;同时,现在是观待过未而有的。今试问常人:何者为现在?恐很难得到解答。如说“现在”是上午九点钟;或说现在是求学时代,这现在即可包括一二十年;若说“现在”是二十世纪,这“现在”可包括更多的年代了!故若没有过去未来,也就没有现在,所以时间不是现在实有而过未假有。离了现在,过去未来也就不可说,所以时间也不是三世实有的。

我们觉有时间的前后延续相,以当下的现在而见有前后,即此前后相而说为现在。由于诸法的息息流变,使人发见时间的三世观。在此,更显出缘起的深妙。凡世间的(存在)一切,都是幻现为前后相的;但同时,也可说世间一切,都是没有前后相的。因为,如以前后的延续相为真实有自性,那么前即应更有前的,前前复前前,永远找不出一个原始的极限来!即使找出原始的边沿,这原始的已不是时间相了!时间必然现为前后相的,今既为原始而更没有前相,那就不成为时间,也必不成其为存在了。有前即是无前;照样的,有后,结果是无后。因此,佛说众生流转生死以来,“本际不可得”。本际,即是原始的时间边限,这边限是不可得的。若说有此本际,即等于取消了时间。一般宗教、哲学者,在此即感到困难,于是推想为上帝创造万物,以为有上帝为一切法的生起因,困难就没有了。但推求到上帝,上帝就成了无始无终的!说上帝创造一切,而上帝则不由他造。印度数论师的自性,又名冥性,即推求万有的本源性质,以为杳杳冥冥不可形状,有此胜性,由此冥性而开展为一切。老子的“杳杳冥冥,其中有精;恍恍惚惚,其中有物”,亦由此意见而来。又如近代的学者,说一切进化而来。如照着由前前进化而来,而推溯到原始物质从何而来,即不能答复。好在站在科学的立场,无须答复。要知一切法似现为时间的延续相,而实自性不可得,仅能从相依相待的世俗观去了解它。心与境是相应的——而且是自识他识展转相资的,如函小盖也小,函大盖也大;认识到哪里,哪里即是一切;观察前后到哪里,哪里即是始终。缘起法依名言而成立,但并不由此而落入唯心,下面还要说。不应为自性见拘碍,非求出时间的始终不可。无论是执著有始,或推求不到原始而执著无始,都是邪见。佛法,只是即现实而如实知之而已!凡是缘起的存在,必有时间相,有时间相才是缘起的存在。时间是缘起的,是如幻的,是世俗不无的;但若作为实有性而追求时间的究极始终,那就完全错了。

存在法是如幻的,唯其幻现实在相,所以每被人们设想它的内在真实自性即本体。但时间的幻相不同,时间是向两端展开的,也即是前后延续的。虽然,在前的也有被看为在后的,在后的也有被看为在前的,常是错乱的;但在个人的认识上,它的前后延续相极为分明,不能倒乱。因此,无论是把时间看成是直线的——,或曲折形的~~~~,或螺旋形的,这都是依法的活动样式而想像如此的时间,但同样是露出向前与向后的延续相,而成为时间的矛盾所在。佛悟缘起的虚妄无实,说缘起"如环之无端",即形容随向两面看都有前后可寻,而到底是始终不可得。从时间的前后幻相看:诸法的生、住、灭;有情的生、老、死;器界的成、住、坏,都是有前后相的。一切在如此地周而复始地无限演变着。不说是旋形的,而说是如环的,问题在似有始终而始终不可得,并不是说后起者即是前者的再现。诸行无常,虽一切不失,而一切是新新不住的流行,不是过去的复活。从如环无端的任何一点去看,都是前后延续的。成、住、坏;生、老、死;生、住、灭,乃至说增劫——进步的时代,减劫——没落的时代,这都不过是一切存在者在环形无前后中的前后动变不息。世间的漫长、人命的短促、幻相的深微,使我们不能知其如幻,不能适如其量地了解它,因而引起不少的倒见!

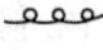

第三节 空间

空间,所遭遇的困难,与时间差不多。印度的外道,把空也看成实体的东西,他们将空与地、水、火、风合称为五大,认此五大是组成宇宙万象的五种原质。这在佛法,少有这种见解的。即执诸法实有的犊子、上座等,也没有把空看成是实体的。佛经里也常说到虚空,然所说的虚空,是眼所见的,也是身所触的。这眼见、身触的虚空,其性是无障碍的。唯有萨婆多部,把空分为两种:一、有为有漏的虚空,即上来所说的眼见(身触)的虚空。二、虚空无为,此是不生灭法。如说:"虚空但以无碍为性,由无障故,色于中行。"(《俱舍论》卷一)一切色法——物质的起灭,皆依于虚空无为,虚空无为的无障碍性是遍于一切色法的,一切色法,由于无碍的虚空性才能起灭。这样,虚空是普遍常恒而不变的无碍性了。萨婆多部这种理论,依于眼见身触的现实虚空而抽象化、理性化的。其实,离了眼见、身触的虚空,是不会使吾人得到虚空之概念的。

时间,幻现为延续相,现为从未来到现在,从现在到过去的;或从过去到现在,从现在到未来的息息流变。虚空即不然,虚空的幻相,似乎是拥抱了一切,如器皿一样的含容着一切,一切事物都在这无限扩展的空器中活动。所以,或以虚空为比喻,而称虚空藏、虚空器的。《中论·观六种品》不许虚空是如此的:一、不许离存在的色法:虚空依色相而现起(心与色相为缘起,虚空相也与心有关),所以说:"因色故有无色处,无色处名虚空相。"

这即是说:空相是不离存在而幻现的。如有物在此,等到此物坏而归无,空相即现。又如物与物相待,知有虚空的间距。又如身体(色)的运动,感到无色为碍(色是有碍相的)的虚空。所以离色而有的绝对普遍无相的虚空体,是没有的。二、不许虚空是什么都没有:空是缘起幻现而有含容无碍的特性的。三、不许空是属于知者心识的甚么:西洋哲学就有把空间看成主观先在的格式,系此主观上本有的空间格式,这才凡是所认识到的,没有不具此空间相的。但依《中论》的见地:"若使无有有,云何当有无?有无既已无,知有无者谁?"这是说:虚空不是离色法而实有别体;既不离色相,虚空也就不是什么都没有。实有实无都不许,也不能说虚空是属于知空是有是无的知者。不论是有还是无,如境相中毫无此意义,谁(心)知此是虚空呢!由此可知,无相无碍的虚空,是依有相有碍的存在法而幻现的。《中论》也这样说:"空即无相,无相不能离相,离相即非有。"《智论》也曾说:"空有集散。"虚空如何会集散?如一垛墙,破墙为洞,空相显现,即是空集;若以物堵塞墙洞,空相不现,即是空散。虚空依于存在的有相而幻现,有集有散,所以空是缘起的,不能抽象地想为绝对不变的遍在!

色法(约世俗共许说)与虚空,不是隔别的,不是一体的;没有有相而能不是无相的,也没有无相而能离开有相的。有相物与无相虚空界,同是缘起相依的幻在。有情,依佛说:即是"士夫六界",即物、空与心识的缘起。我们以为身体是坚密的,其实到处是无碍的,眼、耳、腠理等空,还是粗显的呢!小到电子,也还是充满空隙,物质是微乎其微。反之,如我们所见的虚空,其实尽多有微细的有相物。所以，有相有碍与无相无碍，相依相成而不离，相隐相显而不即。在我们不同的认识能力（如常眼与天眼）前，幻现为物相，幻现为虚空（这不是空性寂灭）。

这样，不能离开有相有碍的色法，而有无相无碍的虚空——色法的容受者，但空相不即是色相。因色法的有相有分，而拟想虚空为器皿那样的有量，可以区分空间为这里那里的，固然不可通；即以虚空为无限的或不可析的整体，也还是自性见作祟，未能体会缘起的幻相。从前，外道计"我与世间有边，我与世间无边，我与世间亦有边亦无边，我与世间非有边非无边"；此即将宇宙人生从空间的观念中去推论它的有限与无限，即落戏论而为佛所不答。于此，从空界含容色法而色法占有空间去看，色法是立体的，有三度的。凡是现有体积的，就都有纵的、横的、竖的三度，依佛法说即有六方。此与时间不同，时间现为前后的延续相，空间现为六方的扩展相。由于认识的片面性，每想像为平面的分布。凡有三度或六方相的，即有边的，此色法的边际，依空相而显，而此空即是无相，即是边际不可得。有相有碍的色法是有边，色法的边即是无相的边际不可得。如执无相无碍的空界是无边的，即成戏论，无相有什么边与无边！经说虚空无边，如无始一样，否则有边无边都是邪见。常人以色相去拟议空相，看成实有自体，于是乎说：笔在桌上，桌在地上，地在空上。把空界实体化，那应请问他们：虚空在何处？故凡有相的存在，即现为无相的虚空；离有相的有边限的事物，则无虚空，故空是存在法的又一特相。不但空是如此，即如色法，每一个体，现为有相有边的，如望于他聚，即从此——假定以此为中心而扩展到彼，有边还成无边。如认识界的渐次扩大，空间中的存在——向十方也不断扩大。从前的一切——如古人所说的天下，现在仅是一小部分，极渺小的部分了。缘起色法的幻现六方相，是虚诳似现而不可据为真实的；如以为真实而想推求究竟，那么有限与无限都不可得。因为，范成定型的限相——如国与国界限，必是待他的；其大无外，不过是神的别名。所以，如以为此是极限，此限即不成其为限。反之，如以为世界无尽，而从色法的形成个体去说，色法是不能无限的。有限与无限，世界在诳惑我们！

空间中的存在者，现为六方相，可以分析的，但最后如以为真实的，希望分析质素而找出有相有碍而不可再分析的究竟原质，即成大错！故极微论者，至此难通！以不可再分析的邻虚尘，若仍可分，即非极微；若不可分，即失去方分相而不成其为物质。存在者如幻如化，现为空间的无相，似乎空界拥抱一切而一切占空间而存在。但从外延而扩展去看，世间非有边与无边的；从内涵而分析去看，有分与无分是不可能的。因众生的有见深厚，总是从自性见的妄见拟议，不是以为有小一的原质，即以为有大一的总体。否则，扩而复扩之为无边，析而又析之为有分，永久陷于一与异的倒见中！

第四节 行——变动·运动

佛法讲到运动，都以“行”做代表。“行”是诸法的流行、运动或变动的。现在约来去说，就是运动的一种形相。但说有来有去，常是为佛所呵斥的。外道问佛：“死后去，死后不去，死后亦去亦不去，死后非去非不去？”佛皆不答。《胜义空经》说：“眼生无所从来，灭亦无所至。”因为，一般人说到来去，即以为有个从此至彼或从前至后的东西。这种观念，就是对诸法缘起的流行不能如实了知所引起的错误。佛所以不答外道死后去不去者，以其所说的神我尚且不可得，去与不去更无从谈起。但佛也明法的不来不去，如《胜义空经》所说。然佛法并非不可说来去，如说“从无始生死以来”，或说“来王舍城”。不过不如自性执所见的来去，是不来相而来，不去相而去的。佛以生灭说明流行、运动，如观生灭无常时说：“观诸法如流水灯焰。”流水与灯焰，是刹那不住的，时时变动的，所以是无常的诸行。

先从粗显的来去，也即是从世俗谛的来去加以考察。有人以为《中论·观去来品》中广破去来，中观者是主张一切法不动的，那是大大的错误！如人的来去、出入、伸臂、举趾、扬眉、瞬目，都是动变的一种。萨婆多部以此为表色，以此为能表显吾人内心的物质形态。正量部学者，即以此等为“动”。唯识者曾破斥曰：“才生即灭，无动义故。”因为，动必是从此至彼，从前至后的，但这在时间的、空间的极点，是不能成其动义的。所以唯识者以为——色相的运动，乃内心中的似现，在心刹那刹那的相续变上，似有从此至彼的相，称之为动，实是唯识所现的。一般学者，每以为在人的感性上，一切是动的，此如眼、耳等所见所听到的。但在理性的思惟推比上，即是不动的了。于是，重视感性的，即以为动是对的，不动不过是理性的抽象知识，是错乱的。重视理性的，以为一切的本体，确是不动的，变动是感性的错觉。佛法即不同他们所说的：一切法依缘和合而幻现自性乱相，认识即以认识的无始自性执,缘彼自性乱相,于是能所交织,构成错误。在根识——即感性的直观前境,不能理解缘起如幻,取实有自性相。因此,意识的思惟推比,虽了解为动的,而由于错误的自性见,到底推论所得的结果,也陷于不动的错误。因为一有自性妄见,如运动上的去来,在空间上将空间推析为一点一点的极微点,即不能成立动的去来相。在时间上分析至最短的刹那点,前刹那不是后一刹那,前后各住自性,也无从建立运动。空间的无方极微,时间上的无分刹那,都不过自性妄见的产物。故有以为在时间、空间的每一点,即失运动相,是颠倒的。不知无有空间的存在而不在此又在彼的——彼此即方分相,无有时间的存在而没有前后相的——前后即延续相。以缘起如幻而观一切时间中的运动,是无有不能成立的。有的说:从甲到乙的运动,势必先通过甲乙中间的丙;从甲至丙的中间,又须先通过甲丙中间的丁,从甲至丁又须先通过戊。这样,由甲至乙中间实有无量的位数序列,即从甲至乙,永不能到达,即一切的运动不成。所以本体实是不动的,动不过是错乱的现象。这是极端错误的!他为自性见所愚蔽,忽略了从甲至乙的运动者不是抽象的,本身是空间的活动者,是有体积的方分相;是时间的活动者,是有延续前后相的。从甲至乙的运动者,本身即占有时间与空间,本身也是有无限位数序列的。这样,甲与乙间的无限位数序列,与去者自身的无限位数序列相对消,即等于没有。甲乙间的有限长度,与去者的有限长度相比算,则从此至彼,成为有限量的,有限量即可能达到。如我们在宽阔的公路上,远处望去,好像那边的路狭得多,等到过去用尺一量,仍是一样的。路渐远渐小,如把能量的尺放在那边,再远远去看,也似乎狭小得多。但以狭尺量狭路,依旧可得如许宽度。路有错乱的,尺也有错乱相的,以错乱衡错乱,得到的是错乱相的关系法则公例不乱。时空的存在,幻为无限位数的序列,一切是现为在此又在彼的,忽略能动者的时空性与无限位数序列性,这才推论为是不能动的。

有人以《中观论》不来不去,以为是成立诸法不动的,那是错误的。如《中论·观缚解品》说:"诸行往来者,常不应往来,无常亦不应;众生亦复然。"此中所说的往来,是流转即轮回的意思。外道执有我轮回诸趣,或执有实法可轮回。今中观说:这样的诸行无往来,众生无往来,但并不是中观者不许缘起我法的流转。执有自性者,以自性观一切法的来去运动,即不能成立。以我与法若是常,常则永远应如此,即不能成立轮回。若谓无常,不了无常是说常性不可得,而以无常为实生实灭,那么生不是灭,灭又不是生,前灭后生间中断了,轮回也不成。《中论》的《观去来品》,广泛地以去来为例而研究运动相,不单说去,也曾讨论到住,去是动相,住即是不动——静相。静与动,是运动的相对形象。观去约四事广破:一、去,二、去者,三、去时,四、去处。去与去者,《中论》以一异的论法而研考之。去异去者,或去者即去,把存在的去者与运动的去,看成一体或各别,都不能成立运动。去与去者异,那应该离去者以外而有去了。如去与去者一,即坏体与用的相对差别相。一异以外——自性论者,不是同一,就是各别,再没有可说的了。又约去时考察去,除了用一异的方法外,又说:"已去无有去,未去亦无去,离已去未去,去时亦无去。"已去、未去、正去的去时,都不能成立自性的运动。外人即转计有发,发即是动的开始,即从静到动的开始。但有发即落时间相,三世求发也还是不可得。约去者,去时求去既不可得,去处求去亦不可得。去等四法——即本章所辨四义,本是缘起法的幻相,是不相离而不相即的。外人于此四作自性观,即必然落于运动的不可能了!龙树又批评外人的住,即从动到静的止息:"去未去无住,去时亦无住。"这说明了"所有行止(住)法,皆同于去义",可以观去的方法去观住的。去与住,依中观义:离去无住,离住无去。即离动没有静,离静也没有动。住与止,只是运动的相对倾向与必至的形相,同时成为运动的前题。缘起法是相反相成,相成而又相反的。

以上约运动的粗显相来说明,如以生灭破去来而显示诸"行"的动相,那更甚深难解了!依缘起法显示诸行的不住,最根本的即是"刹那生灭"。刹那是形容时间的最短者,刹那是即生即灭的,即生即灭为"行"——有为相,即动相。这即说明时相就是最短的,也是运动着的。动,即使极微而至暂的,也是现有时间相的。无有刹那的极量,刹那是即生即灭的时间相;即生即灭是刹那的动相,缘起法是如实如此的,刹那间生而即灭。如依自性见者看来,即不易懂得。总以为刹那是不能生而又即是灭的;如有生有灭,即不能是刹那的。但佛说诸行即生即灭,他们不敢反对,于是有所谓体同时而用前后的,有所谓一刹那而有二时的。不知刹那即生即灭乃缘起的幻相,幻相是那样诳惑人而困恼人的!即缘起而观自性,生灭相即不可得,缘起即空;但如幻的缘起,即生即灭的流行,宛然如此!所以,佛法对宇宙万象的观察,是动的,这是有为的诸行。生是缘起幻现的生,不是有一实在的东西可生，即自性不生；自性不生，则幻相灭，也非有实物可灭。若从实有的生灭看，则落断常。

经中说幻相的生灭为不住，喻如流水灯焰，这是约相续而显内在生灭不住的。又喻如石火电光，这形容其至极迅速。于此，可有两个问题来讨论：一、诸法刹那生灭，怎么过去的行业，经百千劫而不失？有人以灭为无，无了如何还能感果？因此，有人以为灭后还是有，但有为甚么名为灭？诸行才生即灭，究如何能使业不失？这应该了解：没有未来可离过去、现在而成立的。生是起有相，灭是还无相；此有与无，不是凡外的实有见、实无见。无是依有而幻现的，是有——存在的矛盾性即相反的幻相；如没有存在——有，无即谈不到，所以说："若使无有有，云何当有无。"离有则无无，离生则无灭，灭并非灰断的全无。不了解此义，执无常有生有灭，即成邪见。《智论》卷一说："若一切实性无常，则无行业报，何以故？无常名生灭失故。……如是则无行业。……以是故诸法非无常性。"但世俗的一切从因而果报，历然而有，故无常相——生而即灭，有而还无，仅是世俗的。经中依生灭显无常相，即依此言其常性不可得以显示空寂，非有无常的实灭。灭与无，是缘起幻相的一姿态，非是都无断灭。灭与无，都不是没有，如说：现在没有抗日战争，这确是什么也没有了。如说：抗日战争已过去，没有了，但历史曾有此抗日战争，此项战争的影响仍在。所以即生而即灭，有而还无，与都无断灭不同。虽念念生灭，刹那不住如石火电光，过去行业已灭而能不失，予未来以作用。月称论师说：灭非无法，故业虽灭而仍感生死，不须阿赖耶持种（是否有赖耶，更当别论），即是此义。有而还无,才生即灭,是如幻缘起流行变动的全貌。无与灭,不是没有,这与自性论者所见确有不同,但也决非自性的存在于过去。又此所谓灭,系指无常灭,与性空寂灭不同。无常灭是缘起的,有为的。如误会这点,把它看成性空寂灭,这即会说:灭即诸法归于本体寂灭。又自然要说:生是从寂灭本体起用,那是倒见了!中观者以无常灭为缘起的幻灭,幻灭非都无——无见,则不失一切行业。这样,从即生即灭的观点说:诸法是彻底的动,彻底的静。从生与有而观之,即是动;从灭与无而观之,即是静。即生即灭,即有即无,即极动而极静,即新新不住而法法不失,此是佛法的诸"行"观、变动(当体即静)观。僧肇的《物不迁论》,约三世以观一切,即动而静,流行不断为动,动而不失为静,常与无常,仅是同一的不同看法。以现在不到未来,所以不常;但过去在过去,不到现在未来,岂非是常?东坡所说:"自其变者而观之,万物曾不足以一瞬;自其不变者而观之,物与我皆无尽也。"也是此义。但称之为常,且拟为法性常,即会落入从体起用的过失。而且,如不约缘起假名相待义以说生灭——肇公有假名空义,即又会与有部的三世各住自性义混同。望文生义的盲目修证者,有以"见鸟不见飞"为见道的,这误解即动而静的缘起如幻观,以为亲证法性寂灭了。依佛法说:见道乃体见法法寂灭无自性,哪里是不见飞(动相)而见鸟。从即般若起方便智,那应了达无自性的——即生即灭的如幻行相,应该即法法不失而见鸟之飞动才对。故见鸟不见飞,不过是从自性妄见中幻起的神秘直觉,称之为见到了神,倒是最恰当的!

二、刹那生灭,如何未来能新新生灭,相似相续?这一问题,留待下章再为解说。

第五节　无言之秘

外道问佛："我与世间常，我与世间无常，我与世间亦常亦无常，我与世间非常非无常"等——有边无边、去与不去、一与异等十四不可记事，佛皆默然不答。不但外道所问的神我，根本没有而无从答起；外道兼问法，如所云"世间"，佛何以不答？佛的默然无言，实有甚深的意义！有人谓佛是实际的宗教家，不尚空谈，所以不答。此说固也是有所见的，但佛不答的根本意趣，实因问者异见、异执、异信、异解，自起的分别妄执熏心，不达缘起的我法如幻，所以无从答起，也无用答复。答复他，不能信受，或者还要多兴诽谤。佛陀应机说法，缘起性空的意义甚深，问者自性见深，答之不能令其领悟，不答则反可使其自省而自见所执的不当。佛陀默然不应，即于无言中显出缘起空寂的甚深义趣。

一切是缘起如幻的，缘起是绝无自性，相依相待而似现矛盾之特性的。本章所说的有、时、空、行四者，都有此缘起法的共同性。如一切法的存在——有，现似极其充实的样子，众生即执有实在性；即见为虚假，也要从虚假的内在求实在。但实在性终不可得，不可得即是实性，而存在——有不过是缘起如幻的假名有。时间，是缘起法幻现前后相，依众生的自性见执有前后，而有始无始都不通；以自性见而执有刹那实性，而刹那实性也即失去时间的形相——前后。这可见时相性空，观待而有三世，似有始、终、中而实是虚诳不实的。空间，即缘起法幻现的六方扩展相。自性见者对此缘起幻现的空间相不能了知,依六方扩展相而或执有边、或执无边,有边无边都不可能。执有自性见而推想占有空间的极微点,而不知极微的实性——无彼此分,即失去占有空间的特相。缘起幻相的中、边,实是空无所有的虚诳。行,即约存在者于时间、空间中所现起灭来去的动变相,若执有法的自性,此运动相即不能成立。有、时、空、行,为一切法最普遍的基本概念,离此即无从思想,无可论说。而此同有虚诳的自性乱相,在自性见者,一切是不可通的。根本的困难,同源于缘起相依相待而有内在矛盾之特性。众生为无始以来的自性见所蔽,不但不能了达缘起的寂灭性,即于缘起的幻现,亦处处不通。佛告阿难"缘起甚深",这如何能为分别自性妄执根深的外道解说呢!外道问佛苦自作耶四句,佛一概不答。龙树即解说为"即是说空"。"从众因缘生,即是说空义。"(《十二门论·观作者门》)如来的默然不答,意趣在此,这哪里是有所得的大小乘学者所知!

缘起甚深,缘起的本性寂灭,甚深更甚深,所以体见毕竟空寂,了达缘起如幻,大不容易!在闻思学习时,即应把握自性空寂不可得,而幻现为缘起的相待义,庶可依此深入,不失中道。

第八章　中观之诸法实相

第一节　总说

法相，即诸法的相状、义相与体相。欲于诸法得如实知，即应于诸法相作透彻的观察。阿毗昙，即是以智慧审观诸法的自相、共相。如《阿毗昙心论》发端就说："能知诸法自相、共相，名为佛。"所以说：佛有两种智：一、总相智，是知诸法共相的；二、别相智，是知诸法自相的。佛弟子随佛修学，于诸法作事理的深广观察，其后即成为论藏。所以说：阿毗达磨（论藏）不违法相，顺法相而知其甚深广大。从来学者对于诸法的考察，主要的是自相、共相，此外即诸法的相应不相应、相摄不相摄、因相、缘相、果相，或加上成就不成就，这都是法相。《法华经》说："唯佛与佛乃能究尽诸法实相，所谓如是性、如是相、如是体、如是力、如是作、如是因、如是缘、如是果、如是报、如是本末究竟等。"就是说：佛才能如实而知诸法的性、相、因、果等法相。这十者，在世亲的《法华经论》和旧译的《正法华经》，都只说有六种。罗什法师的译有十种，可能是根据的梵本不同。这如龙树《智度论》卷三二说:"一一法有九种相。"九种是:性、法(即相)、体、力、因、缘、果、限碍、开通方便。卷三三说到:业、力、所作、因、缘、果、报,凡七相。卷二七说到:性、相、力、因、缘、果报、得、失,凡八相。由此比类观察,可知《法华经》的十相,实有所据。在印度,对于法相的观察,就有多少差别的。这里,可以分三类来观察:一、性、相,二、体、力、作,三、因、缘、果、报。三类以外,《法华经》有本末究竟,这是穷源竟委的意思。《智论》卷三二有限碍、开通方便,与台宗十法成乘中的"通塞"相近。卷二七又多说得失二种。无论是说性、说相,乃至因果,都是就某某法而作如是观察的,离开了存在的事实,这些相都无从安立。古代阿毗昙论师,即是侧重一一法上一一相之考察的。然而这九相或十相,所以应作如此观察者,即因为这些是法法所共有的,存在于时空而变动不居者,必然具备这些,所以这些即是诸法共通的法则。现在即从这诸法的法则去说明,当然,佛所了知的,不仅是此共通的法则而已!

第二节　性·相

性、相二名,在佛法中是可以互用的。性可以名为相,相也可以名为性。如《智论》卷三一说性有二种:总性、别性;又说相有二种:总相、别相。虽说性说相,而内容是同一的。如《解深密经》说遍计所执相,依他起相,圆成实相;而余处则称为遍计所执性,依他起性,圆成实性。故性相不妨互用,如《智论》卷三一说:"性相有何等异?答曰:有人言:其实无异,名有差别。"但若性相合说在一起，则应该有它的不同含义，所以又“有人言：性相小有差别，性言其体，相言可识”。性指诸法体性，相指诸法样相。又依论说：体性是内在的，相貌是外现的；又性是久远的、末后的；相是新近的、初起的。“性”“相”两相，含义极多，这里且略辨四类：

一、约初后（远近）论性相：《智论》卷六七说：“是相积习成性，譬如人嗔，日习不已，则成恶性。”我们的思想、行为，起初或善或恶，或贪或嗔，即是相。如不断地起作，久后会积习成性。等到习以成性，常人不了，每以为本性如此。佛说众生有贪性人、嗔性人、痴性人等，这都由久久积习而成性的，并非有定善定恶的本性。《智论》卷三一说：“如人喜作诸恶，故名为恶性，好集善事故名为善性，如《十力经》中说。”——佛以种种界（即性）智力，知众生根性等不同。俗谓“江山易改，禀性难移”，这不过是说习久成性，从串习而成为自然而然的，不容易改换而已。人生下来，受父母的教养和师友的熏陶、社会的影响不同，养成多少不同的性格；或是因为宿因善恶的潜力，或生理机能的差别，成为不同的性格、嗜欲等，这些都是积渐而成的。不但人的性格如此，一切法也是如此的。因为一切法无不表现在时间中，依幻论幻，有时间相，即不无前前后后的相续性。前前的对于后后的有影响，即有熏习。相虽不即是性，但由不断的起作，即由相的积习而成性。从微至著，从小到大，都有此由相而成性的意义。所以，性不是固定的、本然如此的。依中观说：人之流转六趣，都因熏习的善恶而定其升降的。凡夫如此，佛、菩萨等圣贤也如此，无不是由积渐而成。有人说：佛性人人本具；还有约无漏种子,说某些人有佛性,某些人无佛性,这都是因中有果论者。依中观说:众生没有不可以成佛的,以众生无决定性故。这是说:生天、为人,都没有定性,都是由行业的积习而成。等到积习到成为必然之势,也可以称之为性,但没有本来如此的定性。所以,遇善习善可升天,遇恶习恶即堕地狱,乃至见佛闻法,积习熏修,可以成佛。《中论·观四谛品》说:"虽复勤精进,修行菩提道,若先非佛性,不应得成佛。"论中的意思是说:如执诸法实有,那就凡性、圣性两不相干。那么,众生既都是凡夫性——异生性,不是圣性,没有佛性,即使精进修行,也就没有成佛的可能了!其实不然,众生虽是凡夫,以无凡夫的定性故,遇善缘而习善,发菩提心,修菩萨行,就可以久习成佛。《法华经》说:"知法常无性,佛种从缘起,是故说一乘。"也是此义。古德为佛性本有的教说所惑,颠倒解说,以为龙树也是主张要先有佛性才可以成佛的。我早就怀疑,后来在北碚访问藏译,才知是古德的错解,论文是龙树评破萨婆多部固执实有性的。善性恶性,无不从积久成性中来,无天生的弥勒,也没有自然的释迦。性,不过是缘起法中由于久久积习,渐成为强有力的作用,而有非此不可之势。常人不知缘起,偏执自性有,所以将积渐成性为本性,或习性以外另立本性。性虽有自尔的、不变的意思,但不过是相对的,能在未遇特殊情况,及未有另一积习成性时,可以维持此必然的性质及其倾向。

二、约内外说性相:《智论》卷三一说:"相不定,从身出,性则言其实。"相是从内而现于外的,是不一定符合于内在的,性才是实际的。佛常说:"或有生似熟,或有熟似生。"即是说内在的真实性不一定与外表的形式相同,并且有时是相反的。《智论》卷三一举喻说:“如见黄色是金相,而内是铜……如人恭敬供养时,似是善人,是为相;骂詈毁辱,忿然嗔恚,便是其性。”论中的故事是说:有主妇常常供养恭敬,被人称赞为性情好。女婢为试验她是否真正性善,早上尽睡,主妇虽呼也不起;起后也不做事,到吃饭时,主妇唤来用膳,她还嫌饭菜没有做好。主妇实在忍不得了,大发雷霆,嗔忿斥骂。这时,凶恶的性情完全暴露出来。由此可知,外现的善,可能是表示内在的善,确是“诚于中,形于外”,表里一致,性相一如的,但也可能是假充善人的。如佛呵提婆达多,虽外现忿怒相而内怀慈悲。内性与外相可能不一致,非审细的考察不知。佛有种种界智力,才能深见他的内性而教导他,如化央掘摩罗等。

三、约通别说性相:佛法中常说为自相、共相;《智论》名为总相、别相,总性、别性。此总与别,依《智论》卷六七说,即名为相与性,即诸法的共通性为相,不共的名为性。《智论》卷三一说:“总相者,如无常等。别相者,诸法虽皆无常而各有别相,地为坚相,火为热相。”此说无常等,是诸法共相;地坚相、火热相,乃至色变碍相、受领纳相等,即是自相。地以坚为相,这是论师从假有的分析所得到的结论。如析色法为地、水等和合而成,地是极微的存在,无论如何分析,也不会失却(卷六七称之为常法)坚的特性;此坚的特殊性,唯属于地而不属于别的,所以是地的自相。又如眼根以见为性,有见即知有眼,眼以见为特性,此性不通他法,故名自性。这种自相——特性,都被看作自性有的。实则,从极小的到极广大的,一切缘起法各有它特殊的性质或性能,但这是从缘起法中显出它的主要特征,并非除此以外没有别的性质,也不是此一特殊性质可以独特存在的。中观者说:眼以见为性。这是可以这样说的,但若说见性为不失自相的,即非中观者所许。《智论》卷三一评云:"火能烧,造色能照,二法和合故名为火。……云何言热是火性?复次,热性从众缘生。"此说缘起法不单是一性的,如火不但是以热为性,火发光即能照,烧物即成烧,照与烧都可以说是火的特性,何独执热为火性呢?当知缘起法是依存于众多关系的,它和合似一,而有极其复杂的内容。不过为了记别,在众多的关系性质中,把那主要的、明显的特征,随从世俗立名,标立为某法的自性,哪里可以想像为自性存在的。《中论》在破眼以见为性——自相时说:"见若未见时,则不名为见,而言见能见,是事则不然。"眼之所以能见,必依对象、光线、空间、意识等缘,方成其见事,不能定说见为眼之自性,与众缘无关。如眼定以见为性,闭目时何以无所见?这岂不又应以不见为性吗?因此,可知见非眼之自性,非独存的自性。但中观者在世俗谛中,非不承认有相对的特性。如根、尘、识三法(主要的因缘)合时有见事,缺一则不成为见,见是缘起的作用。然而,从主要的、特胜的观点说:见后而分别,这是识的——其实分别也是缘起的自性;所见所了的山水人物,所以如此,可以说是对象——色的自性。能见色而能引起了别,这可以说眼的自性。这样的相对的自性,是缘起的,是极无自性的。自性既指一一法的特性,共相即指一一法上所共通的。如说无常,不仅此灯是无常,一切有为法莫不是无常的,即通于生灭的诸行。无常如是,无我也如是。阿毗昙论师的解说:一一法的特殊性,不失自相的,名为自性;在观察时,可适用而遍通到一切法(或一部分),立名为共相。如可见不可见、有对无对、有漏无漏、有为无为等,皆是共相。《品类足论·千问品》中,列有二十个论题,每个论题都以五十种问答,即是共相的观察。论中的诸门分别,也是共相观。在许多共相中,如诸行无常、诸法无我等,尤为佛弟子重视的共相,因为观此才能得解脱。此共相,西人曾有二种说法:有以为共相并没有共相之为物,仅是抽象的,意识上概括的类概念。有以为这是诸法的理型,比具体的确实,具体的即依据此理型而实现的。依佛法说:共相约遍通一切法说,而它即是一一法的,也可说为自性。究极的、遍一切一味的共相,即空相,空是法法如此而平等普遍的,不是可以局限为某一法的。佛弟子真能于一法而悟入此平等空性,即于一一法无不通达,因为是无二无别的。空性即一切法的实相,即一一法的究极真理,并非离别别的诸法而有共通遍在之一体的。无二无别而不碍此无限差别的,所以不妨说为色自性、声自性等。如世间的虚空,遍一切处,既于方器见方空,圆器见圆空,不离开方圆而别有虚空;而虚空无碍无别,也不即是方圆。依此以观共相,即知共相为不离自性,而不即是自性的。从世谛法相的立场去观察共相——共通的法则公式等,即是缘起,不可说一,不可说异。不但不是意识概括的抽象产物,也不是隐蔽于诸法之后或超越于诸法之上的什么东西。

四、约名(相)实说性相:《智论》卷五一说:"此性深妙,云何可知?以色相力故可知。"此即借相以知性,相指能知某之所以是某者,如见了扮角的脸谱和服装,就知道他是谁。性即一切法之自体,本是离名绝相——不但理性绝相,事性也不如名相所表现而即为如此的,非语文意想(符号)所能表达的。但所以知有法性,不能不依语文、意识的所了相,而显出它的实性。此与认识论有关,为佛法重要论题之一。

此更可分为二层去说:一、即相与可相,约一一事物的借相知性说。事事物物——性的所以确定它是有,即由于有某种相为我们所知的。相有表示此法自性的作用,是能相,性即是可(所)相。我们借此相的表示,得以了知此法是有的,而且是不同余法的。所以,凡是存在的,即不能不是有相的,《中论》说:"是无相之法,一切处无有。"

在常人的自性妄见中,于相及可相,不能了解为缘起的,于是有执为是一的,也有执为是异的。执一者,以为相与可相一体;执异者,以为体性、形相各有自性,如胜论师执"实"是体、"德"是相。这在佛法里,批评的地方很多,《中论·观六种品》和《十二门论》之《观有相无相门》、《观一异门》等,都曾论评过。本来,诸法是离相无可相,离可相无相的。如长颔、两角等为牛相,我们唯从此等相而知有牛,离此角等相外无别牛体,有牛也必定有此等牛相。所以,计执为各别有性的,纯粹是抽象的、割裂的。但相也不即是可相,以可相是缘起幻现的存在合一性,而在缘起和合所有的种种差别即是相。我们的认识,根识——感觉是依根而别别了知的,如眼见它的色相、形态,身触它的坚软冷暖,耳听它的音声等;是直见现前的,是仅见外表的,是各别的。在意识中,才获得一整体的,有内容的"牛"的认识,于是乎有所谓相与可相。无论在认识上、对象上,常人不能了达缘起,不是把它看成一体,便是相与可相的别立。自性见就是那样的！此上所说因相而知性——可相,即约存在与样相说。佛法中更有所谓"标相",也是可以借此而知性的,但这是依于比量的推比而知,相与可相间的关系,绝为松懈。如见招牌知有酒店,但也有酒店而不置此招牌者。又如见烟知火,烟为火相,但无烟还是可以有火的。所以《智论》卷六七说:"如见烟知火,烟是火相而非火也。"故约相对而分别说:如以坚相而显地性,可假说坚即是地的;以烟为火相,烟不即是火的。在相与可相的不一不异中,有此似一似异的二者。

二、即事相与理性:《智论》卷四六说:"若有为法性,若无为法性,是性非声闻、辟支佛作,非佛所作,亦非余人所作。"有为法性即无常性,一切有为法法尔如是;无为法性即寂灭性。此有为无为的常遍法性,也可说借相而知。凡有为法,有生住灭的三种相,此三相是遍通一切有为法的,众生见此生灭的现象,即知一切是有为(行)性的,即依现见的生灭相而知无常性。依不生不灭相而知寂灭性,如依缘起法的相依相待而知无自性,从别别的表面的事相,悟解到遍通的、法尔的、深刻的理性,这是以相知性的又一义。此如《智论》卷三一说:"有为性三相:生、住、灭。无为性亦三相:不生、不住、不灭。"关于无为法性,从本性寂灭说,相与性即现相与空性。如《智论》卷五一说:"诸佛观色相,毕竟清净空,……性自尔故。"佛观一切法毕竟空,即是于缘起的现相上而通达之。所悟入的空性,非由观之使空,是从本以来法尔如此的,所以说"性自尔故"。所以佛所说法性空寂,并非玄学式的本体论,而是从现实事相中去深观而契会的。性之所以是空的,即由相的缘起性,唯有缘起才能显出空寂性,这从别别事相以见事理之法性,由一切现有以达毕竟空性,比之"相与可相",是更深入了!

此有一大论题,即"此性深妙,以相可知"。于此有两大派的不同:一、实在论者——如萨婆多部等,以为心识有显了对象的作用。凡是可知者,即是存在者。在识的了境上,总名与总相,即概念的类名与意义,虽不是对象(性)自身,而由此能诠能显以了得客观的法性。名言——名句文、心识,有指向对象、显了对象的作用。他们以为:凡是所知的,皆是有的,如不是有的,即不能成为所知的。佛说六识必由根、境为缘而生,无境即不能成为认识。如萨婆多部说过去未来皆是实有,若问何以知是有的,即说:以可知故,有的才成为可知的。不但一般的是有而可知,连梦中所见的,也以为是有的,不过错乱而已。二、唯心论者说:凡是有的,必是依心识而存在的。一切不过是自心所幻现的,是自心所涵摄的,是自心表象的客观化——物化。我们所知道的,不出于心识名言。这即是必由心识的了相而知性,被解说为并无心外的存在。所以,"若人识得心,大地无寸土"。

中观者从缘起观的立场,即不作此等说。有人引《智论》卷一五所说:"若诸法实有,不应以心识故知有。若以心识故有,是则非有。"以为空宗所说与唯识者的见解一样。不知原文接着说:"地坚相,以身根、身识知故有。"龙树不但以心识故知有,也以根——生理机构——故知有。即使说依心故知有,也只是三空中的观空,非自性空正宗。应该知道:"以心识故有,是则非有",这是正确的,但不是唯识的。因为中观者显示诸法的存在，是“因果系”的：依因果缘起以说明它是有，也依因果缘起说明它的自性空。能知所知的“能所系”，也是缘起（所缘缘）的内容之一，但在中观者论及诸法因缘生时，不一定含摄“能所系”在内。《中论》等现在，不难考见。所以，即没有能所关系，它也还是可以存在的，因为除了心识，其余的无限关系并未消失。故有一重要意义，即凡是有的，必是可知的；但不知的，并不即是没有，除非是永不能知的。世间许多微细的东西，古人不知，平常人也不知，但由显微镜的助力而知，这不能说是因知而后有的。如遥远的星球，常人不知，以望远镜相助而知。自然是相依相关的运行不息，这决不依心识的了知而有。一切是缘起相依的存在，即一切为因果的幻网；能知所知的关系，即为因果系中的一环。因果系不限于心境——物的系络，所以诸法在没有构成认识的能所系时，在因果系中虽还不知是如何存在的，但不能说是没有的。等到心随境起，境逐心生，构成能所系的知识，则心境幻现，知道它是如何的，而且即此所识相而确定它是有性——存在的。能所系的存在，不像实在论者那样以为仅是显了因果系的如何存在，而是由于能所关涉而现为如此的存在。所以，中观者世俗谛安立——施设诸法为有，不即是客观实在性的如此而有，这与心识、根身有莫大关系，尤其不能离意识的名言而存在。若离开心识名言，即不能知它是如此如此而有的。但依于心识，不即是主观的心识，所以与唯识者所见不同。所认识的是因果能所相依相涉的幻相，离开能所系即不会如此的，离开因果系也不会如此的，极无自性而为缘起——因果能所交织的存在。依于能所（含摄着因果系）系的“境相”，此相不即是缘起法性。就是因果系的“事相”，也不即是缘起法性。这都不过缘起幻相，所以经上说：“诸法实相（性）无所有，如是无所有，如是有，愚人不知，名为无明。”妄执为法性即如此如此有，不过自性妄执而已。从如幻的缘起事相而论，都只是相对的现实，而不足为究竟的真实——性。这可以略举二义：一、业果如幻之随类别识相对性。例如人的认识与旁生等的认识不必同，因众生的业力不同，所感果报不同，形成一类一类的众生。从各类业感六根而发识，所幻见而了知的法相，也就不能相同。在各自类中，可以安立为各各的真实；而总论众生所见，即不过是相对的真实。二、心境如幻之随智别识相对性。即使同样是人，由于根识的大体一致，似乎可以发见诸法的真实。但小孩所见者与大人所见不一致，原始人类所知的世界与近代人类所知的世界也大大不同。由于智力的增进，不断地改变，不断地修正，不断地深刻，不断地扩大；过去看为绝对真实的，不是被废弃，便是被修正，什么也不是绝对的真实性。陷于自性见之中，不能彻底掀翻过来，是再也不能体会究竟法性的。唯有从闻思修中，扫除自性妄执，圣者才能在相对的一一相上，体现诸法绝对的毕竟空性，特别是“唯佛乃能究尽诸法实相”。所以未能彻证真如以前，不能通达诸法的真实性，都不过理解一些相对的现实、相对的真理。必由引发无漏般若，证诸法的如实性，才能与诸佛一鼻孔出气，平等平等，无二无别，究竟究竟。从修学的过程，可以说：借缘起幻相以悟入法性。但这还是加行观中的二谛观察，由世俗入胜义，真能通达诸法实性，那时无能无所，不因不果，即一切因果能所而离一切因果能所相，不可安立。所以说：“凡所有相，皆是虚妄，若见诸相非相，即见如来。”——即诸法如义。

第三节　体·作·力

体，对用而说。体与性，中国学者向来看作同一的，但佛法中不尽如此。体与性也有不同，如《俱舍论》说：“许法体恒有，而说性非常。”性可以作性质等说，如说无常性、无我性等，即与法体不同。体与性也有同一的，如萨婆多部说诸法各住自性，自体也即自性的异名。然萨婆多部的自性，指一一法的终极质素说，与说宇宙大全的实体不同。总之，佛法说体，指一一法的自体说，不作真如法性等说，真如十二名中，没有称为体的。现存的龙树论里，也没有以体为本体、本性的。此中体、作、力，三者合起来说，别处也不曾见到。然在《中论·观作作者品》中有大同的词句。有作如是说：“现有作，有作者，有所有作法。”此中所说的作，即佛典常用的“羯磨”（karma），即是业。作者（kāraka），即能起作用的假我或法。如外道以世间一切作业归于神，以神为作者，或以自我为作者等。佛法虽可说有作者，但这不过是顺俗假说，并无真实的作者。如说眼能见，见是眼之用，即假名眼为见者。故此处所说作者，与体义相当。依《顺正理论》卷三解作者有二家：一、约一一法的自性——法性说，二、约因缘和合相续的假名说。依中观说，离众缘和合，无有别存的作者，即别存的作用也没有；作者与作用，皆不过依缘和合的假有。如《华严经》说：“诸法无作用，亦无有体性。”由此，体——作者与作用，都约缘起假名说。《中论》三名中的“作法”，罗什每置一“所”字，如：“诸可有所作”、“无所用作法”，原语为kṛtya，指所有的作用或力用言。作即运动，所以或译为力、用、作用等。这样，今以论的作（业）、作者、作法，配合于体、作、用三者，即是：体即作者，作即是（作）业，力即作用，如将作与作法合名为“用”，即成为体与用。体用与性相不同：相是“形他以显自”的；如说白色，白即不同于黑，有不同于其他的特相，知道此法是什么。凡所认识的，必有与他不同的特殊形态，依不同他法而知是此法而不是彼法，即因此相而知某法体性：这是性与相的主要意义。体与用即不同，用指法体的活动（此用不同于彼用，也可以称为相的，相广而用狭），也与他法有关，但不同相的以特殊形态而显出自己，用是从此法可予他法以影响，从影响于他而显出此法的作用。所以相是静态，用是动态，用即与因果有关。《中论》说：“现有作、有作者、有所有作法，三事和合故有果报。”可知即依法的作用而知有因果。因为，凡是存在的——法体，必有作用，有用决非自性的，必然地关涉于他法而成立的。即由作用关系于他法，说为因果。对于作用，《顺正理论》卷五二有二种释：一、约正现在的名为作用，二、约过去未来——不现在前所有力用即名为功能。体与用，依佛法说，是不一不异的。如从众缘和合而成的，即是体，指缘起和合性的总体；用即和合性上所起的种种作用。体与用是不可以相离的，但也不即是一。作者与作业，即体与用的关系，如《中论·观业品》说：“因业有作者，因作者有业，成业义如是，更无有余事。”作者的动作，即指事业。常人每引起错觉，以为另有一物名为业，作者是作者，业是业；论颂正破此以作者非业，而成为别于作者之业的。由作者而作业，故应作者不离作业。业义有宽有狭：狭即吾人造善业、恶业，名之为业；宽则举凡眼见、耳闻、鸟飞、花落等无不是业。凡是作者即有业，有业必有作者，作者与业是不一不异的。作、力虽可以总名为用，然作与力别说，到底有什么意义？约法的现在作用说，二者是无差别的。因为法必有用，用即是力，也即是活动，活动即是业。但作用，专在当前的动作说；业却动词而名词化的，即通于过去未来。如眼见的见，是一种动作，然见也可能作为一件事情。如说人作善业、恶业，此即依人的身心活动而显业相，业即动作之义。然依动作名业，业作了，刹那灭后即应没有，然法法不失，势用仍在。刹那灭入过去，不像现在那样有明显的活动，即动作的潜在——过去化。在名言上，即动词的名词化。所以依作用和业的字义去解说，事业的业与作用的用可以作如是观：对现在当前的法体，名为用或作用，亦可名业；对刹那灭后的法——作者，即特名之为业了。《顺正理论》作用与功能的分别，意义也大概相同。体、用、业，无不如幻，约世俗名言说，可有如是的相对差别。

第四节　因·缘·果·报

先说因与缘，梵语虽是两个字，但在《阿含经》里，常常连用，似乎没有什么不同。如说“二因二缘，能生正见”，二因二缘，即是多闻熏习与如理思惟二者。由此观之，因与缘不能说定有差别。但从文字使用的习惯去考察，也可以说有一些差别。如处处说为因果，而不说为缘果。又只见名为缘起法、缘生法，不曾见名为因起法、因生法。由此名字的应用不同,可以看作:缘约法的力用说——古人解说为"有力能生",凡此法于彼法可有作用,即名之为缘。因则约法的性质说,如世间有种种差别,各有相生相依的关系不同,即成各各的因果系。所以因有显示法体的性质,缘从力用而得名。还有,依梵文的《中论》考察,罗什所译的因缘,原文略有三种不同:一、是缘起,二、是四缘中的因缘,三、是因与缘。因与缘的结合词,在梵文中少有不同。梵文有一言、二言、多言。"因"字多用一言,即表示是单数的;"缘"字用多言,即表示是复数的。可见缘是种种和一般的,因是主要的。一法的成立,必依种种缘而成;在此种种缘中,最主要者名为因,一般者名为缘。这样,因与缘可作这样的分别:一、因显体性而缘明作用;二、因为主要的而缘为一般的。论到果与报,对因而说果,有某种因即得某种果。报也是果,不过是果中的特别果。梵语 vipāka,奘师译为异熟,报即异熟的古译。异熟,即异类而熟,因是善恶,果为无记。但这如大众部说善因感善果,恶因感恶果,即没有异类的意义。所以,异熟的本意,应为异时而熟,即过去的业因,感今后善恶的结果。报指果中有善恶性,与一般的因果不同。佛法讲因果,通明一切;约道德与不道德的果说,即名为报。因与缘、果与报,虽不无差别,如通泛地说,可总名因果。

唯识宗的因果说,着重在诸法的"自性缘起"。依唯识义说,眼识的生起,由于眼识的种子,眼识种子对眼识名因,其余明、空等为缘。这种自性缘起的因果论,主要的根据在一"界"字。界与法的语根 dhṛ 相同,有持义,有任持自相、不失不变义,所以十八界古译有名为十八持的。持的意义，即保持特性，有决定如此的性质。一切法的差别，都是在这决定特性上去分别的。在《阿含经》里，界是种类的意思，一类一类的法，即是一界一界的。种类，可从两方面说：如眼界，凡具有眼之特性的，皆眼界摄，由此义可类括一切眼。又从眼界异于其他的耳界等，可显示眼界的特殊。所以界义，一在表明类性，一在显示别性。约此意义，《阿含经》中说有无量无边的界，如三界、四界、六界、十八界等。细究界字的意义，即是一类一类的，各自同其所同，异其所异的。从世间的现象说，世间实可以分成无量无边的界。西北印度的一切有部，偏重于此（阿毗达磨以界品为首），即落入多元实在论。他们以为事物析至不可再分的微质，即是法的自性，即界，各各事物都有此最极的质，故看一切法是各各安住自性的，不失自相的。他们虽也讲因缘生，但觉得法的自性早就存在，生起是使它呈现到现在。经部师及唯识者，不同意这种三世实有论；但将法法的自性，修改为法法各有自种子——潜能，存储于心识或赖耶识中，法的生起，即从潜在的自种子而现行。依经部师，种子即名为界；世亲解释为种类与种族——能生。《恶叉聚经》有"众生从无始来有种种界"句，种子论者就解说为众生无始来有种种的种子，故说："无始时来界，一切法等依。"界字，本义为种类，同类与别类，由于想像"自性不失"为实有的本来存在，从此本来存在而现行，即引申为因义，所以说界为种族义，即成为眼从眼生、耳从耳生的自性缘起。依中观者说：不失自性，是相对的，法法皆是因缘的存在，离却种种因缘不可得，决非具体而微的潜因的待缘显现而已。又，若看成各自有各自的种子,于是说有无量无边的种子,生无量无边现行,这与因缘说的精神,也不大恰当。佛为什么要说因缘生诸法?因为法既从因缘生,则在因缘生法的关系中,什么不是固定的,可以改善其中的关系,使化恶为善,日进于善而离于恶。若看成自性存在的、已有的,那不是化恶为善,不过消灭一些恶的,另外保存一些善的。唯识学的因果说是很精细的,但没有脱尽多元实在论的积习。

华严宗的法界缘起说——是增上缘的极端论,达到了一法之生起,其他一切的一切都为此法作缘;所以一法以一切法为缘,一切法亦以此一法为缘。唯识者所明的界,重在最极根本而又极小的;华严者讲界,是极宽泛而又广大的。华严宗高谈圆融,以一法可为一切法的缘,此一法即圆具一切法,一切法都无不遍在一切法中。但佛说因缘,哪能这样的宽泛,不着边际!因缘说的主要意义,在指出较主要的切近的因缘来,以便于把握事象的原因所在而予以改善。否则,一切是无量无边,以一切一切为因缘,这使人从何下手而实践呢?故因缘论,可不必讲到那样玄妙宽泛。除了某些主要的因缘外,其余的一切,虽间接有关,但在此法存在于此特定时空中,这一切的一切,并不是都与此法存在有必然关系,有些简直有等于无。有些学者赞美圆融,于是主从不分,亲疏不别,弄到一切染净、迷悟、邪正,都无法说明。故因缘论,必须从何者为生法的主因,何者为生法的疏缘,以明因缘生法。中观者既不同法法各有自性的各从自种,其小无内的缘起;也不同一切法皆入一法,一法待一切法,其大无外的缘起。唯有能知因果缘起的本义,才能于因缘生法中,得有进而改善因果系的下手处。

因、缘、果、报，《增一阿含》里讲到四缘，迦旃延尼子创说六因。各家的说法多不同：像萨婆多部说有六因，《舍利弗毗昙》说十种因，《瑜伽论》也说十因，《成实论》说三种因，《楞伽经》说六种因等。关于缘：如通常说的四缘，《舍利弗毗昙》说十缘，南传的论中有明二十四缘的。这些，都是见到因果方式的不同，而安立种种名称的。因果，本来极为宽泛，凡有相互依存关系的，都可说是因果关系。例如母子，母是因，子为果。子出胎后，可离开母体，甚至与之不再发生联系。又如纱为因，布为果，此即不同母子的因果关系，纱织成布，布即不能离纱而有，见布时亦可见纱。又如水是氢氧化合成的，但成了水以后，氢氧的性质形态，就不见了。因果是可以有各式各样不同形态的。

因果的形态很复杂，现在略说二种：一、前后的因果：如修学佛法，渐次增进到成佛，但现在造成佛的因，而佛果要到很长久的未来才能实现。等到果实现时，因又早已过去了。这前后遥隔，怎能构成因果关系呢？《智论》卷五四说："初发意回向与佛心作因缘，而初发意回向时未有佛心，佛心中无初回向心，虽无而能作因缘。"或者以为因果二者非同时现在不能成为因果，回向心与佛心，前后既远远地相隔，如何能成为因果？龙树约二义来解答：（一）约第一义谛说：现在心、未来心，皆无自性，心虽有现在未来等的缘起相而性自本空，在毕竟空寂中，心心无碍，无有差别。以此，现象虽前后各别，而实无碍于因果的成立。（二）约世俗谛说：如《智论》卷七五说："初心不至后心，后心不在初心，云何增益善根成无上道？""佛以现事譬喻答：如灯炷，非独初焰燋，亦不离初焰；非独后焰燋，亦不离后焰，而灯炷燋。”此中佛答修行为因，得成佛果，引灯炷作喻：灯炷之燋，非第一念发光时燋，亦非第二、第三……念发光时燋，而结果灯炷确是燋了。由此，炷之燋，不即是第一、第二、第三……念时燋，亦不离第一、第二、第三等念时燋。修行证果亦然，依前后因缘展转增长，自可渐成佛果。一切前后间的关系，皆是不即此也不离此的；念念心刹那灭，而念念的功用力势不失。此虽有类似唯识的熏习，然不许如唯识所说的种子各自存立，而是展转增长前后相待的业用不失。这样，依佛法讲因果，是前后势用展转增盛的，不可以现在的一点小善小恶而忽之，因为它积渐以久，势用会强大起来而自得其果的。

二、和合的因果：这是各学派所周知的。如房屋是以砖、瓦、木、石、人工等和合而成功，房屋是果，砖瓦等即是因。在众多的有关屋事的材料中，任何一物都不会现有房屋的形状与作用，合堆在一起也不会有屋的形状与作用；但经过各种材料的适当配合，即可有房屋的形状、作用了。故砖、瓦等对于房屋的因果关系，也是不即不离的。《智论》卷七四说：“如以泥为瓶，泥非即是瓶，不离泥有瓶，亦不得言无瓶。”即是此义。又《中论·观邪见品》说：“今我不离受（取阴），亦不但是受，非无受，非无，此即决定义。”处处经中都说无我，众生所执之我，不过是五蕴和合的假相而已。于是有人误以我为色等五蕴实法所合成，我是无，而色等法可有。中观者说：五蕴和合实（自性）我虽无，如幻的假我可有。假，不是什么都没有，可有假我的作用起灭等。但依五蕴而成立，五蕴变化，我亦随之变化；假我不即五蕴亦不离五蕴。颂文说:“非无,此即决定义。”在佛法的缘起因果法里,我与法,虽中无实性可得,然非不可安立因果相,因果是决定如此的。因缘和合生果,与算学的二数相加不同:一加一等于二,二与一和一的量相同,但在具体的因果事实上,就不是这样了。五蕴和合为假我,假我不能视为五蕴的总和而已。此种假我,虽无实体可得,但此用确有与五蕴不同处。这如几条直线,别别地散立,那不过是直线;如合成三角形或方形,即各有特性与作用,不能说三角形或方形即是几条直线,但并不离直线而有。佛法的因缘生果也如此,果不即是因缘,亦不离因缘,这是中观宗的因果特义。不离因缘,所以即因缘求不可得,离因缘求不可得,果的自性是决不可得的。不即因缘,所以如幻的果事,用相宛然。甚至可约用相的特色,相对的假名为自性。

前后性的因果,是约异时因果说的;和合性的因果,是约同时因果而说的。萨婆多部讲同时因果、异时因果,经部但说以前引后,不说因果同时。中观者依世俗谛说:凡是存在而可称为因果的,必有能生所生、能起所起义,必有前后性;如同时,即如牛两角,不能成立因果义。反之,凡可称为因果的,因果必有相依关系;待果名因,待因名果,所以又必有和合的同时性。否则,有前因时无后果,有后果时无前因,彼此不相及,也不能成立因果义。所以从如幻因果说,因果本是不能这样异时、同时地割裂开来的;时间必是向前后两端伸展而又前后不相离的。此处分别说此同时因果、异时因果,也不过从其相对的显著的形态而加以分别罢了。考佛所说的十二缘起,即统此异时、同时因果而有之。如无明缘行乃至生缘老死,无论说它是三世因果或二世因果，总是有它的前后性。如识缘名色，名色缘识；即是展转为缘，“犹如束芦，相依而住”，即和合性的同时因果。萨婆多部说十二缘起，每支都具有五蕴，即每支为和合聚，不过约显现的特胜，说此是行、此是识等。

佛法所说因果，其义极为深隐。如萨婆多部深究至极微细的原质，而说同时异时的因果。如五蕴和合为我，以为此是假法，不是真实的因果；唯识者也说假法非因果。这与中观者的因果义，绝然不同。依中观者说，假法才能成立因果，因为凡是因缘所成的法（也即是因果的关系）都是假法，假法即是无自性的，无自性才能安立因果幻相。有实性的因果义，依中观者看，简直是不通的，这如《中论》之《观因缘品》、《观因果品》等所说。《般若经·三假品》说三种假，依此三假可以看出三类不同的因果关系：一、名假。名即名称，凡吾人所觉为如此如此的概念，或是说为什么的名字，都是名假，此名假是约认识的关系说。因为心识中所现起的相，或是说出的名称，虽大家可依此了解对象，然这是依名言观待而假立的，名称与法的体性并不一致。如说火，火不即是实火，所以不烧口，故名是假；但若唤“持火来”，而人不持水来，故火名也有世俗之用。二、受假。受，梵文的原义应译为取；假，依梵文是施设安立义。《中论》“亦为是假名”的假名，即是此“取施设”。取有攫而团拢的意义，如房屋是因种种瓦木所成，此房屋即是取假。常说的和合假，与此取假义同。依龙树菩萨说，此取假中可分多少层。如人是皮骨筋肉等所成，故人是取假。随取一骨、一皮，也各是众缘所成，也是取假。故取假可从粗至细有许多层次。总之，凡以某些法为材质而和合为所成的他法，皆是取假。三、法假，即是法施设义。此中的法，即等于萨婆多部所说各有自性的诸法，他们以为分析至最后，有其最终的实在，彼等指此最终的实在为实有，而以和合有者为假有。依《般若经》说，此实法即是法施设。这也是因缘所显的假相，并非离因缘而存在。受假，如瓶、衣、军、林、人我等，即常识所知的复合体，凡夫执为实有。法假，类于旧科学者分析所得的不可再分析的实质，一分小乘学者执此为实有。中观者悟解为法假，近于近代科学者所知即电子也还是复合的组织的东西。依中观者所见，没有其小无内的小一——自性一，所以缘起法的基础，决非某些实质的堆集。但就现象而分别其相对的特性，《智论》曾分为五法：地、水、火、风、识。佛于余处说四大为能造，色等为所造，这是约物质方面说的。约精神说，则总名识，心所等即心识所有的作用。此精神、物质的五法，可作为万有的基础，但此五者也是假施设的，即是法假。《智论》所明的三假，是显示修行次第的，即由名假到受假，破受假而达法假，进破法假而通达毕竟空。依此因果假有义上，有从粗至细的不同安立，故因果可有种种的形态不同。

上章曾提到：一切法刹那灭，何以能一期相续？如“大地劫住”，“人生百岁”，虽知道它刹那不息地在变，而到底是一期相续了。这应加以解说：凡是某一事态的存在与消失，无不由于因缘，确乎是“此有故彼有”、“此无故彼无”的。但因缘与果，有亲疏的差别，有层次的差别。这是说：一法的存在与生起，是由极其复杂，甚至说以一切法为因缘而起，但在极复杂的因缘中，有主因与疏缘，总是由主因（也不是唯一的）限定其特相，由种种疏缘助成它,如引业满业之类。某法的存在即由此亲因疏缘和合的假有;只要因缘——实在是主因没有大变动,那疏缘虽有些变动,或有或无,某法的存在能延续下去。进一步,此主因与疏缘的存在,本身也由于因缘决定的,也是只要主因不变,即使疏缘有些变动,还是能一期相续的。在这层层的因果网中,尽管是缘在变,因也在变,但在主因还能延续以前,果相能延续下去。如主因所依的主因变了;或疏缘的变化过大,影响主因的存在,由于主因的突变,那果相才不能延续原有形态而走上灭无之路。延续不变,是相对的安定,实是刹那变动的。要知道:果事的幻相,依于因缘;因缘是无常的,依因缘而有者,即使是延续,实际也还是刹那变动的。因与缘,即使维持原有的形态,但主因与疏缘所依的主因与疏缘,层层推论,是不能一无所变的。例如某法以甲为因及乙丙为缘。此甲因又以丁戊为因,己庚为缘;乙缘又以辛为因,壬癸为缘;丙缘又以子丑为因,寅卯辰为缘。假使第二刹那,甲因仍以丁戊为因,而以己巳为缘;那甲因虽以主因不变而维持原有的形态,而实则疏缘已渐变。依因缘而成的甲,与前刹那也不尽相同了。假定乙缘的主因变化,丙缘的主因未变,那么某法的疏缘,已仅是丙缘及新起的午未为缘。此第二刹那的某法,甲因未变而实际也不尽同,乙缘消失,丙缘还在而有午缘未缘的新起。此时,虽主因的甲大体仍旧,而某法能延续原有形态,而依甲因及丙午缘所现的假相,刹那间已早不同前念了。近人说质变与量变,即近于因变与缘变。然在刹那生灭的如幻观中,因不变或说依主因形成的特质不变,不过相对的假说,实则此因或质,也未尝不在潜移变化中。由于主因疏缘不息的变,不离因缘而有果事,果相也不能不在刹那变化中。由于果相的不即因缘,所以在主因的相对安定下,果相能一期延续。刹那即灭与长时相续,毫无矛盾。也可以说:绝无自性所以刹那灭,不即因缘而幻相宛然所以能相续。

第九章　现象与实性之中道

第一节　太过·不及·中道

缘起是侧重于现象的,性空是侧重于实相的、本性的。依佛法来看,现象与本性的中道,是甚深的。佛法的说明诸法实相,以此相对的二门——缘起与性空为方便。从缘起明性空,依性空明缘起,如不能适中得恰到好处,即有太过与不及的误解。本来,佛法以内的各宗派,对于空有,都自以为见到了中道义,然在把握空有中道义的中观者看来,各宗派所了解的中道,近于中道而多少还是不偏于此,即偏于彼,不是太过,便是不及。

一、汉传的般若三家:依中土所传,对于二谛空假,有三宗的传说。齐智琳法师与隐士周颙倡导此三宗说。此三宗的思想,渊源甚早,如智琳与周颙的信中说:"年少见长安耆老,多云关中高胜,乃旧有此说。"罗什法师来关中时,关中即有此三宗说。不过传到江东,要迟一些。其中,一是究竟的,二说稍差一点,在佛法属于不了义。周颙的三宗说:(一)以空假名破不空假名,(二)以不空假名破空假名,(三)以假名空双破二者,为中道正义。后来三论宗,即常谈此三宗。

不空假名:如《大乘玄论》说:“不空假名者,但无性实,有假世谛,不可全无,如鼠喽栗。”此说:诸法从缘起,缘起无实性,所以名空,而假名是不空的。缘起无性名空是真谛,假名不空是俗谛。此不空假名宗,古人比喻为如鼠喽栗,他虽知无实性空,而犹存假名不空,如鼠食栗中仁尽而壳相还在。这因为,他们以为现象界不能甚么都没有,若一切皆无,则堕断见邪见。这本是对的,但以为若说有,即应当是不空,这即不能与空相成而无碍,即不能恰当。主张假名不空,所以对于空义的了解还不够,这是不及派。

空假名:不空假名宗,空得不够,此空假名宗又空得太过火了。此宗以为:从缘起法的假有义,以观察因果、事相等,此属俗谛;以真智去观察,则缘起法无不皆空,即是真谛。《大乘玄论》说:“第二空假名,谓此世谛举体不可得。若作假有观,举体世谛;作无观之,举体是真谛,如水中按瓜。”我们用手去按瓜入水,瓜随手沉入水中;然手一出,瓜即浮起来。此空假名者,以为空是连假名也要空掉的;空是能破析假有而不可得的。此宗以为真谛空,能空破因缘假有,即空得太过了,也不能把握空有之中道。他虽承认一切法空,但不能即空而善巧安立于有,成为得此无彼、得彼无此的二谛不相及,这是太过派。

假名空:三论宗的正义是假名空,简说为假空。缘起是假有法,假有即非真实性的,非真实有即是空。假名宛然现处,无自性即是空,不是无缘起假名的,此与空假名不同。空是即假名的,非离假名而别观空,即假名非实有名空,故又与不空假名不同。《大乘玄论》说:“假空者,虽空而宛然假,虽假而宛然空,空有无碍。”如此方可说为中道,古三论师取此为正义。此与天台家的即有即空相近。《菩提道次第广论》,西藏传说龙树学于胜义谛有二派:(一)极无所住,(二)现空如幻。《广论》可以不承认有此二宗,但不能否认西藏从印度所传,确曾有此说。即现即空、即空即现的现空无碍,实为渊源于龙树学的。中土的三论宗,近于此宗。此种思想,乃循僧肇法师的《不真空论》而来:“欲言其有,有非真生;欲言其无,事象既形。象形不即无,非真非实有,然则不真空义,显于兹矣!故《放光》云:诸法假号不真,譬如幻化人,非无幻化人,幻化人非真人也。”三论宗传此为假名空,说一切法空故非不及;虽空而假有不坏,也不是太过,所以能得现象与实性的中道。

二、藏传的中观三家:《菩提道次第广论》,抉择中观见,先破除太过与不及的两派,然后确立自宗正见。

太过派:主张一切法性空,空能破一切法,从色乃至涅槃、菩提,无不能破,此为宗喀巴所不许。破坏缘起法,即是抹煞现象,是不正确的。但所以执空能破除一切法者,理由有四:(一)一切法不外是自生、他生、共生、无因生;四生既不可得,即一切法不能生。(二)一切法不出有无等四句,龙树菩萨广破四句都不可得,所以一切法毕竟不可得。这两个理由,由于他不能如实了解一切法空义,致有此种误解。空,本是空却自性的;破四生及四句等,是说假使诸法是有自性的,那么诸法不是自生,即是他生;不是有,即是无等。但龙树论中破四生,即显假名缘生,缘生是无自性的,故非破自性生的四生所能破。(三)观察法空时,一切法是否能观察得到？在一切法空观之下，无一法可得，所以能破一切法。（四）如以为有法不可破的，此不可破的一切法，是不是由量成立的？量，即正确的认识。对于所认识的能恰到好处而得之，此所得的是由量成立，可说为有。但经中说："眼耳等非量。"非量，即不是正确的认识，即六识所知的一切法，皆为不能由量成立的。此二种理由，约认识论说。汉传的中观者，向来发明此义的不多。印度后期佛教，认识论特别发达，中观者也重视起来。观一切法空时，不得一切法，即以为能破一切法，这是太过派的误解。一切法空，是因观自性不可得，即由自性不可得而说为空，非一切假名法也不可得。要知观察到观察不到与破不破不同。如以甲为有，观察甲而不得，此观察不得即是破此有。如不观甲而观乙，观乙时虽不见甲，但不能说甲是没有，不能说可破甲是有。所以，观自性不可得而说一切法空，不观缘起假名为有，不能因此说观一切法空，即能破缘起假名。又，观空属于胜义慧，建立缘起属名言识。依胜义智说：眼等非量。但世俗缘起假名的一切法，依世俗名言量而假立的，还是可以依有漏的心识量而成立，不能因此而说一切不成立。以一切法空为能破一切法，当然是误解中观义的太过者。但如《广论》的自宗，从自性与缘起、胜义与世俗的差别立论，不得意者，或许会落于不空假名的窠臼！

不及派：《广论》中曾引述此派的解说。此派以为无自性空的自性，即所破的自性，含义有三差别：（一）非由因缘所生，（二）时位无变，（三）不待他立。观一切法的自性不可得，即是破除于一切法上含此三种错误的自性见。依此观察，可悟证胜义空性,得到解脱。宗喀巴评此为不及者,以为他所说的"不由因缘所生"为不及,即没有彻底破除微细的自性见。佛法中无论是小乘、大乘,无不承认诸法是因缘所生。若观一切法因缘生,即可破除自性,那么小乘各派也应该能破除自性!中观者如何更对破小乘而明无自性?可知观察因缘所生,实并不能彻底地破除自性见,得到解脱。"不待他立",即不待因缘生,这也是小乘各派所同说的,故此义亦不够。不待他,即独立性;时位不变,即常住性。常住、独立,虽是自性的含义,然破除常住、独立,并不即能通达诸法性空。如破除了外道的常、我,小乘的无方极微等,不就能悟证法空。这分别妄执虽除,然生死的根本——俱生的自性见,并未破除。这样,宗喀巴以此为不及。此宗自性的三义,与我上面所讲的:实有、不变、独存的自性三义,大体相近。根本的自性见,即一般认识上所起的,不待推求而直感的实有感,含摄得不变性、独存性。一般所认识的,由于根识的局限,直观事物的实在时,不能知时间前后的似续性——过去与未来,空间彼此的离合性,因此引生常住、独存等错觉。虽经意识推比而有相当的了解,但每由事物生起的实在感而推论为独存、不变性(分别执)。所以虽破此分别执的独存与不变,未必即能破尽自性见。但若欲了达缘起无自性,在意识的观察中,仍需从三方面去观察。如观察到自性的根源——俱生自性见,三者实是不相离的。这里有需要考虑的,即有自性者不是因缘生,因缘生者即无自性,龙树论中处处在说明,以缘起为破除自性见的唯一理由。今此派说自性为非因缘生,宗喀巴以为不及,这显然是不对的!如未能圆满通达因缘生义,那只能说他所通达的不圆满,不能正见缘起的真义——如有部等虽也会说因缘生,而于内容不能彻底了解,故仍执诸法有自性,决不能说观察缘起不能破除自性,“非因缘生”,不足以摄尽自性的全体。佛陀说法,不但有名,也还有义。小乘各部学者,不能把握因缘生法的深义,故虽标缘起之名,但仍执有自性,不能适如其量地破除自性。这仅能说对于缘起的理解还不够,不能说缘起不能破除自性的一切。破除自性,唯有如实了解因缘所生;非因缘所生者,即是实在的、独存的、不变的。俱生的、分别的、法执的、我执的,可以有种种,而非因缘生是同一的。如以此为不及,那么一般学者说性空,如不能尽得性空的真义,性空也难道不能破执见吗?如某些学者,自以为应成派而不能尽见月称义,那么应成派也就该不究竟了!佛说因缘生义,为通达无自性的唯一因。此宗三义,宗喀巴何以判之为不及?依我看,若说不及,自续派倒可以充数。如清辨论师以胜义谛中一切法空,而世俗谛中许有自相,即略近中土的不空假名宗。承认因缘所生法有自相,即于空无自性义不甚圆满,需要更进一步去了解。

《广论》中于破太过与不及后,提出自宗的正见,即是月称论师的思想,称为应成派。应成派以为:缘起法即是空的,空是不破坏缘起的。承认一切法空,即假有法也不承认有自相,与自续派的不及不同;虽承认一切法空而不许破缘起,故又与太过派不同。

三、印传之大乘三家:遮太过与不及而显中道,可作多种说明,现在再略说印度的大乘三家。太虚大师分大乘学为三:(一)法相唯识学,(二)法性空慧学,(三)法界圆觉学。我在

《印度之佛教》里，称之为虚妄唯识系、性空唯名系、真常唯心系。此大乘三系，可从有空的关系上去分别。

“性空者”所主张的：一切法毕竟空，于毕竟空中能成立缘起有，这是中观宗的特色。这即是“以有空义故，一切法得成”。其他各派，以为若一切皆空了，岂不破坏缘起？故另立不空之有。而不知诸法之所以是毕竟空，就因为它是缘起有；因为诸法是缘起有，所以诸法是毕竟空。若真的了达缘起有，必能通达毕竟空；通达毕竟空，也必能知缘起有。太过派执空，对缘起的应有者不能善巧地知其有；不及派执有，对于应空者又不能如实地知其空。进一步说：对于有而不能善巧地知为有，则对于空也即不能善达其空。反之，对于空不能善巧地知其空，对于有也即不能善达其为有。失空的即失有，失有的即失空。中观者空有善巧，一切空而不碍有，一切有而不碍空，这才是善取空者，也即是能善知有者！

“唯识者”，可说是不空假名论师。《瑜伽论》等反对一切法性空，以为如一切法空，即不能成立世出世间的一切法。主张依实立假，以一切法空为不了义。以为一切缘起法是依他而有，是自相安立的，故因缘所生法不空。依他起法不空，有自相，世间出世间法才可依此而得建立，此是不空假名者的根本见解。

“真常者”，自以为是“空过来的”。对于缘起的毕竟空，他们是承认的。但空了以后，却转出一个不空的，这即我所说的真常论者。他们以为：空是与小乘所共同的，有些人止于观空，以空为究竟，这是不圆满的。顿根利智的大乘学者，从空透出去，能见不空——妙有。《楞伽》、《胜鬘》、《起信》等经论，都是承认妄法无自性，但皆别立妙有的不空，以此为中道。他们所讲的不空，是在真如法性上讲的，是形而上的本体论、神秘的实在论。唯识家所说的有，侧重于经验的现象的，所以与中观者诤依他不空。这从空而悟证的不空——妙有，与中观所说的缘起有不同。中观的安立假名有，是依缘起法而施设的；不空妙有者，本质是破坏缘起法的，他们在形而上的本体上建立一切法。迷真起妄，不变随缘，破相显性，都是此宗的妙论。所以要走此路者，以既承认缘起法空，即不能如唯识者立不空的缘起；以为空是破一切的，也不能如中观者于即空的缘起成立如幻有；但事实上不能不建立，故不能不在自以为“空过来”后，于妙有的真如法性中成立一切法。此派对于空，也还是了解得不够。因为空而不得其中，太过了，以致无法成立一切；这才转过身来，从妙有上安身立命，依旧是真实自性不空。

大乘的三家，法相唯识者是从不及派引发出来的，于诸法性空的了解不够；失空即失有，所以不能不说自相有。真常唯心者是从太过派引发出来的，破坏缘起而另觅出路，是对于缘起有不够了解，结果是失有也失空。这二派都是“依实立假”的，“异法是空，异法不空”的。唯有中观论者依缘起显示性空，即空而不坏缘有，始能善巧中道。中土的天台宗，从龙树的思想而来，受时代思潮的影响，多少有妙有不空的气息。但法法毕竟空，法法宛然有，较之他宗，仍与中观义相近。

第二节　即·离·中道

太过与不及，侧重在从缘起以明空，现在从现象与本性的综贯来说。现象与本性，关涉的方面很广：如外道以及一般哲学上的本体与现象、实在与假相等，都可说与此论题有关。对于现实的宇宙、人生，要能把握到它的究竟真相，无论是说明上、悟证上，都不能不分别，但又不能分成判然的两截。从相对的差别说明中，此现象与本性，或缘起与性空，此两者的关系究竟怎样？现象在本性之外，还是在本性之中？此一问题，在佛教、神教与哲学上，有多种见解的不同。

中观家对现象与本性，发挥其不即不离的中道义。释迦佛在世时，外道的主要者为婆罗门，婆罗门教的基本思想是本体论的、一元论的，以为宇宙与人生，是唯一本体——梵或我等的显现，把自我看为真实、常住、不变、妙乐的。佛法为破除此种思想，故特重于分析、否定。如说五蕴、十二入、十八界等是分析的，说无常、无我、无生等是否定的。此是初期佛法的特色。佛教的根本教义，是用差别分析以破一，以无我等否定以破真实。后来的佛教学者，有的不得佛意，执有差别之事相，对于世间出世间、生死涅槃等，从差别中求诸法的决定相。到了大乘佛教，特色即从本性的平等一味上，评破小乘的各各自性差别，说明真如法性普遍而平等。因此，大乘佛法又极容易被误解，而转计到本体论、唯一实在论去。其实，声闻佛教破除常、一、我、实在，而所证并不落于种种的差别。大乘佛法发挥平等普遍的空性，悟入不二法门，是“破二不著一”的，也并不落于唯一、本体的倒见。这二者，在说明上：前者重在差别的异，后者重在本性的一。确实地说来，说差别，是以此为方便，说明现象不即本体而不可一；说平等一味，是以此为方便，说明现象不离本体而不可异。

若能真的把握到佛法实义,则知佛法是“但以假名说”,是说明实相的方便,不可偏执。经中论色、谈空,不应起差别见;经中说色即是空、空即是色,也不应起一体见。缘起与本性,应知为不著于相即相离的中道。此是学佛者应有的基本理解,否则为言辞所拘缚,与世间学者的说即说离一样。

关于现象与本性的即离,天台学者说得明白。台宗判四教:藏、通、别、圆。四教对于世俗相与胜义性的说明,即离不同。三藏教——主要为小乘学者,对于现象与本性、生死与涅槃、世俗与胜义,主张是差别的。通教则主张即色而空,即生死为涅槃,主缘起与本性是相即的。别教进而讲三谛,俗谛、真谛、中谛,也是主张差别的。圆教则即俗、即真、即中,三谛是融即的。由此观之,在佛法说明缘起与本性时,可说是:不是即就是别,不是别就是即;说明的方便,每似乎有所偏重,而实不可执即执别。但此约安立言教说,若就修行体悟说,这只有二类:(一)悟真谛,(二)悟中谛。悟真谛是:体悟第一义谛时,一切差别现象皆不显现,唯有平等一味之理,是名但空、偏真。悟中谛是:悟得理性平等一如,而当下即是差别宛然的现象;现象差别宛然,而当下即是寂灭平等。真理,从智慧的体证说,不外悟偏真与圆中。中,即是统一切法,即假即空而即中的。台宗的说明,不一定与其他的宗派相同,但确有其意义。悟偏真,现象与本性是不相即的;悟圆中,假与空是相即的。但这是从悟境而方便说明的,在如实地悟证时,决不执取为是即是离的。

从言教安立上讲,各宗派关于缘起与性空的建立,是否善巧,是否易于使人误会而落于二边,不无可以评论。现举大乘佛教为例:原则地说,凡是大乘佛法,都是谈二谛的,都以二谛为不即不离的。唯识、中观、天台、贤首,都这样说。如细探各宗安立的言教,即知各宗或不免偏重。唯识家重在差别,如欧阳竟无《唯识抉择谈》说:唯识抉择二谛详世俗,抉择二智详后得。侧重是可以的,但因偏重于世俗、后得智,所以在说明上即不免倾向于差别,作出差别的理论。如说圆成实与依他起是不一不异的;而依他起是有生灭的,圆成实是无生灭的;依他起可说种现熏生,圆成实即不能说。在安立染净诸法时,侧重于依他起,圆成实好像与依他起的现象界毫不相关似的。因此,有些学者对唯识家的说法不能满意。依他是无常的,圆成实是常的;依他是差别、生灭的,而圆成实则是无差别、不生灭的。唯识者虽说依他与圆成不离,到底使人觉得他的依他与圆成,仅是不相离而已,而实是差别的。从依他起上远离遍计执,即悟圆成实,依他与圆成可说是不离的。但反转来,从圆成实到依他起,则竟然不能看出有任何关系,所以有人觉得唯识不够融即。依唯识家的见道证真说,本侧重于偏真;在言教的安立上,又重于世俗法相,所以结果是不免偏于差别。有人批评它,这是偏以现象的差别观,说明现象与本性。

如贤首家、《起信论》等,也主张不即不离——天台宗义也略近于此。但它实是侧重在平等一如无差别的,故说举妄即真,全事即理,一切现象或虚妄事相皆即是本来寂灭的。反过来,从真起妄,全理为事,以一切为真如的发显。从本性现起一切现象,即性起法门,这是唯识学者所不谈的。禅宗六祖也曾说:“何期自性能生万法。”这是说:本性与现象,二者是不可分的,现象是本性所显现、所生起的。这种说法,在一般的哲学界也极为流行。贤首家等侧重于真如平等,故安立的教理,不但真俗是相即的,就是俗谛中的事相也是相即的。即俗而真,即真而俗,在贤首宗还不过是"理事无碍",还不是融即思想的顶点。究竟的"事事无碍",不但是理事相即,事相与事相也是相即的。如天台宗的性具法门,以为十法界,一一各具十法界。一法界即性具而成为事造时,余九界不过隐而未现,而九界也即不离此一界。这样,一法摄于一切法中,一切法又摄于一法中,等于在因论与遍因论。贤首家虽说:圆融不碍行布,行布不碍圆融,其实是偏于相即。有人说:这不过偏据理性的无别观,而用于二谛关系的说明而已。

以中观宗的见解来批评,唯识偏重于差别事相,多明俗谛;天台、贤首偏重于平等本性,多明真谛。唯识、天台、贤首所建立的理论,高深广大,当然不能看作荒谬不经的。但佛依二谛说法,二谛不即不离而需要完满的善巧二谛,即不能稍有所偏。若能正见二谛无碍的中道,则对于缘起与性空,才有正确了达的可能。如何把握二谛的不即不离,恰到好处?不偏于差别,也不偏于平等,这是修学中观者所应该特别留意处。

中观者的二谛中道观:缘起即是性空,因为诸法空无自性,所以是缘起法,要由众缘而现前,这与唯识家不同。唯识学者不能从圆成空性以指出空性与依他有何关联,中观则说无自性与缘起相即相成,彼此有深切的关系。"以有空义故,一切法得成",诸法本性空,即是现象之可能成为现象的所以。然而现象之所以有无限差别,不是以此空性为精神或物质,而后成为现象的差别。诸法是众因缘相依相待而有的,差别的现象,唯有在因缘法上安立,决不在性上说。这与自性能生万法、一真法界现起一切的思想,根本不同。如此处是空地,才可以造房子;这如法性本来空寂,所以有现象的可能一样。但仅有空地,还不能就有房子出现,必须以砖、瓦、木、石、匠人、设计、工作,才能有事实的房子。所以,"以有空义故,一切法得成",这是从缘起本相以说明其可以成为现象;而所以成为如此现象,并不以空为能力、材料,以空为现出一切现象的根源。性空与缘起,如镜的明净与影像一样,不明净,即不能现一切影像;但不能说明净即能有一切影像,影像还需有人、树、花、物的因缘。于明净中能现一切影像,可说影像就是明净的,影像现前时,也未曾不明净。从明净说,这是平等一如的,有影像如此,无影像也如此。但现起人等影像,必需明净,而非但由明净,不需人物等因缘;也决不因镜的明净平等,而所现的人物花草影像也无有差别。人物花草的影像如何,主要还是受人物花草的因缘关系而决定的。这样,缘起与性空,从性空的方面看,是平等平等的,种种差别现象不离此平等;虽不离平等,然差别相宛然不失,并不因空性平等而诸法也就无差别。同时,也不因诸法差别而空性也差别。中观者于性空与缘起的抉择,与唯识家不同:即在"以有空义故,一切法得成"。与天台、贤首不同处:即一切为缘起法,由因缘生,非由空性生起一切或具足一切。然这里要郑重指出的,性空即缘起本相,不应作形而上的实体看,也不应作原理而为诸法的依托看;这是形上形下或理事差别者的拟想,而非缘起性空的实相。

佛法中所说的缘起、本性,与一般宗教及哲学是不同的。佛法的立场是缘起论，是以因果缘起安立世出世间一切法的。依此来说：声闻乘说色心等因果缘起是对的，他并不说因无为本体而有一切现象。中观与唯识，还能保持此种理论。唯识者说依阿赖耶种现相生，是从现象方面说的。中观者说："以有空义故，一切法得成。"这是说明缘起的所以可能生起，要说明现象差别，还在色心诸法的因缘上说。佛法的不同于神学及玄学者，出发点是现象的、经验的。后来，因为有偏重平等无差别的学者，以本性为诸法的真实本体，于是说诸法是本性显现、生起。至此，与一般神学者、玄学者所谈的本体起现象，日渐混杂，与佛法的缘起中道日渐相反。大乘说缘起与性空不即不离的，中观与唯识，都不许本性可以生缘起或转变为缘起的。本性，不是有甚么实在的本体或能力。佛法说色等一切法本性寂灭，使人即俗以显真；真如寂灭不是什么神秘不思议的实体，所以从来不说从体起用。如不能把握这点，则佛法必将与中国的儒道、印度的婆罗门、西洋哲学的本体论、唯心论者合流。

熊十力的《新唯识论》对佛法的批评是：佛法说一切法即空空寂寂，而不能说空空寂寂即一切法。熊氏的意思，佛法不能说由空空寂寂的本体而发现为一切法，以此为佛法的缺点。其实，佛法何尝不能说，不会说，也还是说空寂即一切法，但含义不同，不许从空寂体而现为一切。向来一般的神教与玄学者，对于宇宙人生的说明有一个极基本的假定，即以为必须从一实在的本体而发现为各式各样的差别现象。如婆罗门教、犹太教、基督教、回教等，都主张在一切现象之上有一能造的上帝之类，这种思想，一般人极易于接受。因为将一切法的究竟看成是实在性的,而实在性又是一切法的本源性,于是拟人的上帝创造万有说,依之而生。后来的玄学者,虽不说上帝为宇宙的根元,而以为有一实在的原理或本体,由此实在的本体产生一切现象,显现一切现象。他们的根本动机,即要在一切现象外另找一个本体,或高高地在一切现象以上,或深深地在一切现象之后。他们的基本论题是:本体如何能发现为现象,本体与现象有何关系?某些玄学家觉得本体不应离现象而存在,于是想像一与上帝具有同等性能的本体,以此本体可以生一切法,而本体即在一切法中,成为泛神论的、玄学的、实在论的。熊十力也说:举体即用,全用即体。其实,如扫除本体生现象的根本假定、根本妄想,那必然为即现即空;即空即现,头头上现,法法上明,何必要坚持从本体而发现为现象?如水相与湿性,即水即湿,即湿即水,还谈什么从湿性而发现为水相?玄学者坐在无明坑中,做着从本体生现象的迷梦!还以为佛法偏(不能说即空空寂寂而生生化化的)而不即,何等可笑?佛法不是寻求万化本源以说明万化如何生起的玄学,佛法是在现实经验界中体悟离却迷乱的本性空寂。空性、真如,都非另有实体,即是现象的当体、真相。因人们认识的错误,所以觉得诸法有实性,甚而想像有一实在的本体而从此现生一切。佛学者如想像从本体而显现为现象,即转而与一般神教、玄学者类似,即不能显出佛法异于外道的特色。

世间也有不承认形而上学的本体者,即经验论派或现象论派。此派以为神教、玄学家的本体是幻想的产物,是以自己的推论为根据而建立的,他们根本就没有见到什么本体。这极有理,但又多少偏于一边了!中观的根本义是:一切法的真相、本性,要适如其量地去把握它，不能为错乱、颠倒的认识所蒙蔽。离颠倒错乱正觉得的，名为本性、实相，这即是一切法的本性、实相，而非别体。这不同于偏于经验论者、现象论者的向外奔放，安于偏颇错乱的现实；但本性不是一般所想像的本体，故与神教、玄学等的本体论也不同。总之，依佛法看：他们都是偏重了一方面，重于差别的，本性也随之有差别了，甚至否认本性；重于本性平等的，现象也平等了，甚至抹煞现象。这些，都不能正见中道，不是执事废理，就是执理废事。唯有依中观正义确立缘起与本性的中道观，才能行于中道，到达究竟。

第十章　谈二谛

第一节　总说

二谛,为佛法中极根本的论题。佛法的目的,在乎引导众生转迷启悟,而引导的方法,即以二谛为本,故对二谛应求得确当的了解。嘉祥、窥基都有《二谛章》,其他各派也无不重视。《中论》说:“诸佛依二谛,为众生说法,一以世俗谛,二第一义谛。若人不能知,分别于二谛,则于深佛法,不知真实义。”从教义说,佛以二谛的方式为众生说法,故对于二谛不能确当辨别,即对于佛法也不能了解。《十二门论》说:“若不知二谛,则不知自利、他利、共利。”修学佛法,不外为了自利、利他、俱利,这可见修学佛法,应该对二谛彻底理解一番!

二谛即世俗谛、胜义谛,或译作世谛、第一义谛,俗谛、真谛。佛依二谛说法,二谛中最主要的,为凡圣二谛——或可名情智二谛、有空二谛。凡夫因迷情妄执,不悟真理,凡情的境界,即常识的世界,是世俗有的,名为世俗谛。世,是迁流义,俗,是浮虚不实义。依梵语,有覆障义,即凡情乱现虚妄不真而障于真相的。

胜义谛，是圣人智见体悟诸法本相，而非一般的认识所认识的。这是特胜的真智界，故名胜义，即第一义谛。佛法教化众生使它从迷启悟，从凡入圣，主要以此二谛为立教的根本方式。对二谛虽有各样的解说，然主要是使众生从迷执境界转入到圣觉的境界。众生因无明妄执，计一切法为真实有的，由此引起生死流转。要使众生解脱，即必要了悟诸法是非实有的，悟得法性本空为胜义谛。所以青目《中论释》说："世俗谛者，一切法性空，而世间颠倒故，生虚妄法，于世间是实。诸贤圣真知颠倒性故，知一切法皆空无生，于圣人是第一义谛，名为实。"

谛，有不颠倒而确实如此的意思。世俗是浮虚不实的，何以也称为谛？世俗虽是虚妄颠倒，但在世俗共许的认识上，仍有其相对的确实性、妥当性。一切世俗法，从世间的立场，也可以分别错误与不错误，世俗谛是世间的真实。究竟的真实，当然是不二的，然因凡夫圣者的境地不同，观点不同，所以佛随此差别，说有二种真实。如以凡情的立场，说色等法是真实的，空性是理想的、不现实的。空性，不是凡情的认识所及，不是一般所能理解的，也就因此名为第一义的，即特殊的。但不是凡情所能理解的，决不能因此而可以否定它。因为这在圣者，也还是真知灼见的，圣者间也还是共证无别的。其实，一般常识所认为如此如此的，在科学界，已每每不以为然，科学的许多事理，也并不是一般人所认为如此的。但科学所证明为如何如何，决非一般的境界所能否认。如科学者说太阳是恒星，不动的，地球是行星，绕太阳而行（或说日与地球是俱动俱静的），这显然与一般所见不合。一般人因目见日有出没，于是说太阳绕地而行。又如常人见桌椅为坚实的、不动的，而在科学界，则以为是电子群的冲激，虽不断地在动，以能维持其原有的均衡，故一般人还以为是坚实的、不动的。当然，一般科学的论证，仅是常识的加工精制，还不是佛法的第一义谛；但也可借此知道凡常的情境，并不即是究竟真实的。由于智慧的浅深，可以有不同的世界观，此各各所见的，在自类的知见上，各有它相当的确实性（《瑜伽》分世间真实、道理真实、烦恼障净智所行真实、所知障净智所行真实，也即此意）。所以，不能以世俗真实为究竟的，应知胜义谛是不能以凡情的见地而论证的。如何显示真胜义谛，如何通达胜义谛而又与世俗谛不相违，这是佛法的重大课题。世俗谛，在世俗界有它的重要意义，如色彩的鲜艳，那样的动人，引发人类的情感，尽管科学家说它只是光波的长短，而人类还是以丰富的情感去接受它。又如善与恶，尽管在物质科学的研究中不能发现善恶，而善恶在世间，并不失去它的重要意义。依佛法说，世俗与胜义虽有它的不同，但决不是矛盾到底而冲突的。依世俗悟胜义，而胜义是不碍于世俗，成立情智和谐的、真俗相成的人生观，这是佛教的基本立场。

凡圣——有空二谛，为大体而基本的方式。但二谛原是圣者所通达的，在圣者的心境中，也还是可说有二谛的。凡夫的情执，只知（不能如实知）有世俗而不知有胜义，圣者则通达胜义而又善巧世俗。所以从圣者的境界说，具足二谛，从他的浅深上，可分为不同的二谛。

一、"实有真空"二谛：这不是说执世俗实有，可以悟胜义真空。这是说，声闻学者中，厌离心切而不观法法性空者，侧重已利而急于悟入无我我所。于悟入我空性时,离执自证,是谓胜义谛。等到从空出有,起世俗心时,于一切境界中,依旧有实在性现前,是世俗谛。虽然真悟的声闻学者,决不因此固执一切法非实有不可,可是在他们的世俗心境中,是有自性相现前的,与一般凡情所现的相差不远,但不执著实有而已。

二、"幻有真空"二谛:此二谛是利根声闻及菩萨悟入空性时,由观一切法缘起而知法法毕竟空,是胜义谛。从胜义空出,起无漏后得智——或名方便,对现起的一切法,知为无自性的假名,如幻如化。但此为胜义空定的余力,在当时并不能亲证法性空寂,这是一般大乘学者见道的境地。不但菩萨如此,二乘中的利根,也能如此见。此与前实有真空的二谛不同,此由后得方便智而通达的,是如幻如化的假名。此又可名为事理二谛,理智通达性空为胜义,事智分别幻有为世俗。

三、"妙有真空"二谛(姑作此称):此无固定名称,乃佛菩萨悟入法法空寂,法法如幻,一念圆了的圣境。即真即俗的二谛并观,是如实智所通达的,不可局限为此为胜义,彼为世俗。但在一念顿了毕竟空而当下即是如幻有,依此而方便立为世俗;如幻有而毕竟性空,依此而方便立为胜义。于无差别中作差别说,与见空不见有、见有不见空的幻有真空二谛不同。中国三论宗和天台宗的圆教,都是从此立场而安立二谛的。此中所说俗谛的妙有,即通达毕竟空而即是缘起幻有的,此与二谛别观时后得智所通达的不同。这是即空的缘起幻有,称为妙有,也不像不空论者把缘起否定了,而又标揭一真实不空的妙有。

上来所说的三类,后者是三论、天台宗所常说的;第二是唯识宗义,龙树论也有此义;第一是钝根的声闻乘者所许的。这三者,依悟证的浅深不同而说,但在缘起性空无碍的正见中,这是可以贯通无碍的。佛法的安立二谛,本为引导众生从凡入圣、转迷为悟的,所以应从凡圣二谛的基础上,一层一层地去深入理解,以达到圆满的境地。否则高谈玄妙,忽略当前的现实,就与玄谈的不切实际相同。

第二节　二谛之安立

从凡圣二谛为本,展转深入,比较容易悟解,但要以究竟的中道二谛融贯前前的二谛。若株守第一种二谛,即执有自性不空的世俗。若定执第二种二谛,即有二谛不能融观的流弊。声闻学者,虽不了究竟无碍的二谛,但菩萨成佛,则必须悟证方可。所以大乘学者,无不以见中道为成佛。佛所以为佛,即彻见空有的融贯而得其中道,也即是能见不共声闻的二谛。《般若经》说:"菩萨坐道场时,观十二缘起如虚空不可尽,是菩萨不共中道妙观。"缘起毕竟空,而毕竟空寂不碍缘起有。菩萨能不尽有为、不住无为,悟此即可成佛。学佛者既以佛所悟证为究竟,故应以此为最高的衡量,于前二种二谛,予以融贯抉择。

先说世俗谛义。谛,谛实义。从凡圣二谛说:"无明覆障故世俗。"众生无始以来,有无明故,执一切法有自性,以为一切法都是真实自性有的。依此,世俗有的于凡夫而称为谛;圣者能通达如幻假名,即世俗而非谛。因为世俗的事相都是颠倒虚妄的,不能称之为谛。此世俗谛,可通于"实有真空"的思想。但谛的真实义，不一定是这样的。《阿含经》说四圣谛，谛即如实不颠倒。若以如实而名谛，那么“幻有真空”、“妙有真空”的俗有，仍不失其为谛。故约凡情的谛执说，无明实执为谛；约如实知世俗说，圣者世俗也可名为谛。

从凡圣二谛说，世俗谛，谛是不能离幻现的。从差别的观点，虽可说世俗是如幻现的，以凡夫愚痴而执为谛实有。此谛实执为一类，如幻现又是一类。但从凡夫的境界说，凡是谛实的，不能离幻现而存在。凡夫心境的现相与谛实相，不可机械地分开，以为这是幻现，那是实有。在凡夫直感的认识上，有此法现前，即有谛实相现前。一切缘起幻有，于凡夫即成为实有。也就因此，观凡情的谛实相不可得时，如幻现相每是毕竟不起而都无所见。唯识家虽重于依他起及遍计执的差别说，但也有此义，即凡夫位的染依他，即是遍计所执性，谛是不能离开现象而安立的。反之，离谛实相的性空，也须在现象上观察，如色性空，一切法性空，不能离现象而说空（利根见道能即空而有，因此才有可能）。但凡情妄现的谛实性，虽不离现相，由于圣者悟入毕竟空，后得智境即不执为实有，了知一切法本为如幻有而非谛实性的，这才是现相而非谛相。谛与现的差别性，才明显地表达出来。凡夫位中，不宜过于为现相与谛相的隔别观察。唯识家说三性，即偏重在遍计执性不是依他起性，由此竟引起不许依他性空的偏执。中观者说二谛，重在世俗于众生而成谛，破除世俗谛而引凡入圣。但不得意者，又每每流于恶取空，即误以为空能破一切法。结果，或类似方广道人的拨无一切，或转为形而上的实在论。

世俗一般的认识,每以为可分二类:一、非真实的,二、真实的。如阳焰,见为水相,而不是真实的水,是假的;见清冷的水,以为是实有的。前者,一般的认识,也能了解为不实的,而后者一般人都以为有实性的。此假实的分别,一般学者也如此,如有部的二谛,即约假有无自性与实有自性而建立:以为青黄色等,是有实在自体的,是胜义有;相续和合的现相,是假的,是世俗有。依中观者看来,此二类中一般所谓不实的,并不全是主观的产物。如远望马路,越远越狭,但路何尝是越远越狭?认识的越远越狭,是错乱的,但并不是主观的错误,因为这还是因缘关系而现为如此的。就是用照相机去照,也是越远越狭的。又如放笔在水杯中现有曲折相,此笔的现为曲相,也决不仅是认识的错误。这些错乱的现相,幻、化、阳焰等等,是假的有,也即是空的,但不是甚么都没有,不过此不是实相,是错乱的幻现罢了。龙树也曾说:"幻相法尔,虽空而可闻可见。"说错乱,说假名,说空无实性,不是甚么都没有。空宗说空不碍幻有,即以此为理论的依据。反过来说,一般人所见为千真万确的,也并不就是实在的。如萨婆多部以青黄赤白色为实有自性的,但依科学者说,这不过光波的深浅强弱所致。如光线起变化时,所见也就不同了。如有人以体积为实有的,实则不可析不可入的极微不可得,即不会有体积的实性。容积的扩大与收缩,并无固定的实体可得。

这样,一般人以为千真万确的,不见得就实在如此。而一般人以为是虚假的,也不见得全属子虚。世人每以此二类为一假一实的,机械地划为二类,实在不可以。这二者,中观者以为都是如幻假有的,都是错乱而妄现的。如以某些为实有的,即对于缘起无性的真义未能了解。其实,人类一般认识的世俗境,可分为常态的与变态的。常态的,即人类由于引业所感报体——根身的类似性,由此根身——生理触境所引起的认识,有着共同性与必然性。但此中也有二:一、如青黄等色,于正常的眼根、眼识及一定的光线前,大家是有同样认识的。这些,现有谛实性,常人极难了解为虚妄乱现,即名为正世俗。二、如水月、阳焰、空谷传声、云驶月运,如前面说过,这不是根身的病态所成,也不是认识的颠倒所致。这也由于境相现起的诳诈相,也是一般人所同见同闻的。但经世俗意识的考察,可以知道它的虚妄,唯有无知识的童稚,才以为是真实。幻、化、水月、阳焰、谷响等等,人类所共见共闻,易于了解它的虚妄无自性,是“易解空”。经中常以此为喻,以表示蕴、处、界的“难解空”。变态的,或是根的变异:如眼有眚翳,身有顽癣,也有因服药而起变化。根身变异所引起的认识,见为如何如何。凡病态所见,缺乏共同与必然性,常人也知道是错乱的。或是识的变异:或过去曾受邪伪的熏习,或现受社会的、师长的以及宗派的熏陶,或出于个人谬误推理所得的错误结论,或以心不专注而起的恍惚印象,以及见绳为蛇、见杌为人等等,是可以由正确知识而给予纠正,揭破它的错谬。这境相的诳惑、根身的变异、心识的谬误,虽是世俗的,而在世俗中也不是谛实的,即可以世智而了解为虚妄的。这都属于倒世俗。虽有此正世俗与倒世俗的分别,但正世俗经如实的观察,渐渐显露出它的幻现性,即实有定性不可得,无不是待缘而似现的。似有时间相,而始终不可得;似有空间相,而中边不可得;似有生灭相,而来去不可得。即此而悟为虚妄错乱,以易解空比喻难解空。易解空的幻、化、影、响，也还是可见可闻的，宛然现有，心境间有一定的规律。一般以为谛实有的，也还是虚诳的、性空的，但不碍缘起的幻有，不碍因果法则的确立。

这正世俗与倒世俗的分别，即以一般人类的立场而分别。属于根的变异，可由医药等纠正。属于心识的错乱，如执绳为蛇，执世界为上帝所造——错觉、幻觉，可以一般正确的知识来破斥。但仅知这二者的虚妄，是不够的。属于境相的诳惑，如童稚也执为实有，但由于知识的发展，常人即易于了解是空了。色等正世俗，常人也见为真实的，虽难于了解非真，但经胜义的观察，即能了悟为虚妄的性空的。从圣者看凡夫，也等于成人看童稚一样。这二类，仅为知识的浅深不同，即世俗识与胜义智的悟解不同，在极无自性而现有乱相说，是一致的。所以可以缘起的幻化，比喻缘起的色声。这也许有人要生起疑问：理解诸法性空，如对于水中月、镜中像了知是虚假、不实，即应通达性空缘起的道理。缘起性空，不是某一法的，是法法皆如此的。而小乘学者以及世间学者们，也有能知水月、镜像是假的，为什么他们仍不能了达性空缘起的真理？要知一般人与一般学者，虽也知水中月的非实，不得缘起性空的正见，原因在他没有真彻地了解中观的假有义、性空义。一般人虽以水月为假有的，但同时仍执另有真实自性的存在，如天上的真月。他们总是以为假与实是相对的，依彼实而有此假的，这即不能正知中观者所明的假有义，不能通达缘起的正义，也就不能悟空性而得到解脱。中观者通达诸法如幻缘起时，决不另外安立甚么真实的，观一切是相依相待的假立，这才通达一法时，即能通达一切法。所以在了解诸法的性空缘起时，不是依彼真月而说此水中无月的。必须达一切如幻，理解根、境、识的不实性，进而反观到我我所的非有性，这才彻悟一切法假有而通达性空，也才能由达性空而得到解脱。所以依实立假，从自性妄执而来，障碍空有无碍的中道。

论到胜义谛，胜义即指圣者由般若慧而悟达的境地，此有广义与狭义之分。狭义即指空性：众生于一切现象而执为实有，圣者即于似有的现象中，知道是无自性空。如经说：色空，受想行识空，都是借现法以否定实性而显示空义的，不能离开现法而观空相。在圣者的体验中，知法法的本性空寂，也知诸法的如幻缘生。在圣者的境界——胜义中，是含摄此性空与现有的。这如唯识家的圆成实，含摄得四种清净一样。不过凡夫的境界，是处处执为实有的，现起种种错乱颠倒的；圣者以胜义慧破除凡夫的实有妄执，通达诸法平等一味的空性，即称为胜义。胜义有如实与真实的含义，所以胜义谛也即是真实谛。众生颠倒，于无性法中执有自性，乱相乱执，圣者能见诸法无性，毕竟皆空，以无虚妄颠倒乱相，故性空即称如实、真实。一切本空，今能彻见法性本寂，岂不是如实？约此义说，性空名胜义谛，不是说另有实体可得而名胜义谛。经部师以真实有的为胜义，所以不许无为是胜义谛。某些学者说：既是胜义，即应是妙有不空的，空即不能说是胜义谛，这都是不明胜义谛得名的真意。

胜义谛与世俗谛，是方便相对而安立的。世俗谛，有迁变义，如此而隐覆真实；胜义谛，是本性空寂，离一切戏乱相，待世俗名胜义。胜义有三义：一、究竟而必然如此的，二、本来是如此的，三、遍通一切的。故经中称此为法性、法住、法界。胜义谛不可想像为甚么实在本体,或微妙不思议的实在。虽圣者的觉境,可通名胜义,但佛法安立二谛,是着重于一切法空性。

第三节 二谛之抉择

自他:《十二门论》说:“汝闻世谛谓是第一义谛。”这是论主破萨婆多部等偏执实有的。佛说色等一切法,是依世俗名言而假立的,故应了解其为世俗,不应执为实义。萨婆多部以为是胜义有的,有真实的自相,故执有极微等自性。此即于世俗法,不知是世俗而以为是胜义,即成大错。有人也说:“余所许胜义,即他许世俗。”这话是不圆满的。中观者决不以为凡他所许为胜义有的,即中观所许为世俗有的,而中观者则有更高的胜义。佛说色等诸法为世俗,依世俗而成立一切法,于此色等法知其都是假名安立,缘起如幻,此即如世俗而知道它是世俗。佛说一切为世俗有,有部等执为胜义,执为实有自性的,并非有部等所执的胜义有即是佛说的世俗。所以中观所说的世俗,于妄执者为胜义;但妄执者的胜义,并不就是中观者的世俗。有些学者不能确了无性缘起的精义,不能于空中立一切法,以为中观者于胜义说空,即以他宗所说的胜义为自宗的世俗。要知中观宗义与其他各宗,论胜义,论世俗,都是没有共同的。中观安立世俗,是不承认有自相的,与他宗所说的胜义不同。

有空:中观常说世俗假有,胜义性空。但《智论》卷一说:“人等,世界故有,第一义故无。如如法性,世界故无,第一义故有。”于是有人以为龙树不一定说胜义空,所说的胜义空是约世俗虚妄的我法说。我法在世俗中是有,第一义中不可得;但真如法性,虽然世俗中无——非世间境,而胜义中是有的。所以三乘圣者所证的真如法性,是妙有,是不空。这是对于中观胜义空者下一最有力的质问!这种思想,在大乘佛法中是有的,但不是中观宗。如唯识学者说:《般若经》中的一切法空,是约遍计执无而说,或约三无性说,依他、圆成是有,经中没有显了说。真常唯心论者与西藏觉囊巴派以为《般若经》所明的一切法空,是约破除众生的世俗情执,而真如法性或真我是不可说为空的,是妙有的。龙树论引用此文,到底要怎样去解说?须知《智度论》的体裁,是广引众说而有所宗极的。叡公叙《智论》说:"初拟之始,必举众说以尽美;卒成之终,则举无得以尽善。"兴皇也说:"领括群妙,申众家之美,使异执冰销,同归一致。"《智论》确是广引异义的,或纵许,或直夺,而以归宗毕竟空的奥极为宗。《般若经》说:"为初学者作差别说";"为初学者说生灭如化,不生灭不如化,为久学者说生灭不生灭一切如化。"这是说:为初学者说法,如生死、涅槃,虚假、真实等,说有差别的二,这是方便而是不了义教。约究竟说:则生灭不生灭一切如化,一切性空,此是如实了义说。因为从无性的假有看,一切是如幻如化的假名;从假有的无自性看,则一切是毕竟空的。一切法趣有,一切法趣空,决非有判然不同的二者,一有一无的。所以《智度论》中所说的我等与法性二者,此有彼空,此空彼有,是方便假立此真有与妄有的二类,为引导众生舍迷取悟而说的。若究竟地抉择二谛,即一切是俗有真空,是究竟说。不但中观者这样说,《成实论》也如此说:第一重二谛,我法等空,(色等及)涅槃是有;到第二重二谛,涅槃也是世俗假立,性毕竟空。

又古三论宗自摄山以下,有两句话:“有所无,无所有。”此是通释《涅槃经》中的常乐我净的,即有所得者是无的,无所得者是有的。无所得的有,是体悟离执的有,即一般所说的妙有。但依中观宗义,不是不可以说有,也不是说凡是证得空性的,即不许生死涅槃等一切;在圣境中,也是可说无生死的迷妄法,有正觉的菩提涅槃。但依言教的正轨,凡可以称为有的,即世俗有,即依名言安立而有的。如依胜义观一切法自性不可得,胜义是毕竟空。于二谛空有的异说,可依此抉择。

横竖单复:古三论学者每说横竖,横是相对的,依彼而有此,依此而有彼的;竖是绝对的,超越而泯绝一切的。佛说世俗有而胜义空,名之为空,空还是世俗的假名,是与“有”相对而安立的。然佛说空教的本义,是使众生于世俗而离一切妄执,泯除一切戏论,因离执而体证泯绝一切的如如。在这个意义上,空的了义与不了义,是可以抉择的。龙树菩萨说:“诸佛说空法,为离诸见故。”离一切妄见,即是要学者泯绝一切,就是空相也不可耽著。若有空相现前,执有空相可取,这不是佛陀说“空”的本义。因为所执的空相,是落于相对的,碍于寂灭的。佛说空教的真义,是了义的,但在有空可见可取的根机前,不解空义,空于众生成为不了义了。所以龙树菩萨也有破空的地方,如说:“若复见有空,诸佛所不化。”龙树所弹斥的空,因一般人以为有空可空,而执空为实体的,或执空碍有而都无的,这即不是佛说空的本义了。所以青目说:“空亦复空,但为引导众生,故以假名说。”如落于相对的,执有空体可取,那空即与有无的无相同。

所以龙树菩萨说："毕竟空中，有无俱寂。"佛说空是离一切见而超越妄执戏论的。从离一切妄执而不落相对说：一切不可得，这即是了义空。如此，可知空的本义，应是言依假名而意在超越的，即是竖的。若滞于相待的，依言执相的，那"胜义空"即不成其为胜义，空即是横的了。"教申二谛，宗归一实"：即依言说明二谛，而佛意在即俗以入真，不能执真而为俗。于空而有此横竖的差别，这全由于学者的领悟不同。

再说单复：约二谛说，与上面的横竖有关。世俗有、胜义空是二谛。有人不了解胜义空的意义，从相对义去理解空义，不能依空得解，反而因空成病，这需要不同的教说了。如说：有与空都是世俗，非有非空才是胜义，这是复二谛。但非有非空的"非"，也是泯绝超越的意思，也即是空的正义。这不过是说：以空为空的空，是与有相对的，绝待是不落于有空——非有非空的。说法虽不同，实际仍不出二谛的含义。有人以为于有空之外，另有一非有非空，不能理解即有空而超越的泯寂妄执，仍从横的去了解，故进而更说：有空与非有非空，都是世俗，非有、非空、非非有非非空，才是胜义，这是复中之复，也可说圆——具足。其实，这与说有空二谛的"胜义空"，意义还是没有什么不同。所以三论宗说：凡言语所表诠的，心行所缘虑的，都是世俗，唯有"心行语言断"的，方名为胜义。这样，三论宗所说的四重二谛，实只是一重二谛，不过约众生的根性不同而差别说罢了。

三论宗的横竖说，与辩证法有类同处，也有不同处。依辩证法，有是肯定的——正，空是否定的——反；亦有亦空是综合的——合。他所说的合，实是更高级的正。正反合的辩证过程，都是顺于世俗名言而安立的。换言之，即唯横而无竖的。因为所说的合，它还归于正，不过是更完满的正而已。三论宗所说的横竖单复，都是顺于胜义的。如说有是正，空是反。空义虽含有二种性质：（一）否定它——错乱的执相，（二）不碍它——缘起的假名，但不碍有的空与否定戏论的空，还是空观的过程，而不是究极的。因离执而悟得毕竟寂灭，才是空的真意。佛法为引导众生悟入胜义，所以论辩的过程虽与辩证的过程相近，而说空、说非，却不滞于有空的总合。众生的根性，是顺于世俗的，即总是顺于正或综合（正）的。如佛说俗有与真空，佛说的空用意是竖的、超越的，但众生从相对的见地去看，以为空是偏于一边的，亦有亦空的综合才比较圆满。但这是顺俗的，三论宗的第二重二谛，起来否定它，说非有非空。世间的一有一空，或亦有亦空，都是世俗，而以非有非空否定它。否定亦有亦空，虽不碍于亦有亦空，而意在即有空而泯绝无寄。非有非空，不是孤零的但中，但这决非不圆满，而需要更说双遮（非有非空）双照（亦有亦空）同时的。如说双遮双照同时，依然是顺俗的，是二句中的有，四句中的双亦，永远落于世俗的相对中；竖的，即向上一着而意在言外的。在这些上，三论宗的超绝论而不落入圆融论，充分地表现胜义空宗的特色。平常所说的四句或超四句，依言离言等，也可以得到正确的理解。

于教中假：古三论师曾提出于二谛与教二谛的名字。教二谛是说明为如何如何的，于二谛可有二义：（一）从佛菩萨安立言教说，于二谛即佛智体悟的不二中道——不二是不碍二的，是教二谛所根据的；依于二谛而有言教，即教二谛。《中论》说：

“诸佛依二谛，为众生说法。”所依即于二谛，为众生说即教二谛。（二）从众生的修学说，佛所说的是教二谛，教二谛是依名言安立的，名言安立的是相对的，要我们从相对无自性而体悟那离言的绝对的。所以佛说的教二谛，说有为令众生了解为非有——有是非实有；说空令众生了解为非空——空是不真空。从说有说空的名言假立，悟解那非有非空的离言实相。这样，以言教二谛——有空的假名，悟非有非空的中道。传到江东的三论宗，是侧重于第二重二谛的；以二谛为假名，中道为实相的。一般人不知有空是假名，凡夫闻有即执为实有，小圣闻空即住于但空。这样的有，于凡夫成俗谛；这样的空，于小乘圣者为真谛，悟得离相而证但空。此即名为于二谛，即与佛说二谛义不能完美地吻合。佛说二谛，令众生悟解不二中道，不是令众生闻有著有、闻空滞空的。三论宗以毕竟空为大用，而宗极在圆中。所以说小乘证但空，对凡夫说是对的，对佛菩萨的圆见中道即不对。学佛者应于俗有真空而不执有空，依此而入中道。

这样，三论宗的正义，即中假义，但决不执取中假。如于宗义不能善巧修学的，执中执假，正统的三论师名之为中假师。此等学者对中假起定性见，决定说非有非空是中道，亦有亦空是假名。这是不得中假的真义，所以嘉祥大师呵斥为：“中假师罪重，永不见佛！”要知说非有非空是中道，若从依言相待的说明说，非有非空何尝不是假名？若体悟而有而空，即于有空而彻见实相，有空又何尝不是中道？嘉祥大师因此约体用而作如是说：说中道时，非有非空是体中，而有而空是用中；说假名时，非有非空是体假，而有而空是用假。但这也不过为了引导学人作如此说，若肯定执著非有非空为体，而有而空为用，也决非三论者的本意。总之，三论宗是即俗而真，重在超越而远离一切见执的，这应该也就是佛法体证的重心了！

第十一章　中道之实践

第一节　顿渐与偏圆

论到证悟，有偏真与圆中之分。在学习的过程中，论根机，有钝根与利根；论悟证，有顿悟与渐悟。顿渐与偏圆，是有关联性的，今且综合地说明。

向来中国佛教界所称颂的证悟有二：（一）道生的顿悟，（二）禅宗的顿悟。道生与禅宗的顿悟是不同的：道生以为证悟到的真理是无差别的，不悟则已，一悟即圆满究竟。所以道生是主张顿悟成佛，也即是主张渐修顿悟的。在平时修集种种资粮，达到究竟时，一悟永悟，一了百了。众生流转生死至成佛的中间，都可说是在梦中，唯有佛才是大觉者。禅宗所说的顿悟，不是渐修顿悟，而是直下顿悟的。主张学者先求自悟本心——本来清净的佛性，一旦廓然大悟的，即参学事毕，也有以为从此应圆修万行。这两种顿悟论，相差极远。道生是约究竟佛位的圆满顿悟说，禅宗是约众生初学的直悟本来说。

依大乘佛法的共义，应该是从渐修到顿悟，再从顿悟到圆修。众生最初发心,亲近善知识,听闻正法,修积功德,以及以大悲心作利他事。菩萨证悟以前,要有长时的渐修。唯识宗说:要于资粮位积集福德智慧无边资粮。龙树说:“若信戒无基,忆想取一空,是为邪空。”若没有福智资粮的积集,即梦想悟入空性,这是不可能的。资粮不足,悲心不足,常会落于小乘的但空偏真。这还算是好的,堕于无想外道、空见外道的也有呢!初期大乘经论,说广积资粮到无生法忍,在七地;唯识家与后期的中观师,说在初地。此时,悟到一切法空性,遍一切一味相。空无相性,不了即不了,一了则一切了,故此也称为顿悟的——中国称之为小顿悟。此顿悟空性,重在离一切相的平等法性之体验,而巨细无碍的缘起事,功德无边的悲智事,此时都没有圆满。更依此顿悟的般若慧,摄导万行,修习上进。这与悟前的事修不同,悟前修可称为缘修,悟后修可称为性修,即与般若——称法性慧相应而修。如达到性修不二,事理无碍,福智具足,方是究竟成佛。这是大乘佛法修行取悟的通规:因事修而起顿悟,依真悟而起广行,顿悟在实践过程的中心。至于道生的直修到成佛而顿悟,是末后的;禅宗的不重事修而先求悟,是最前的,都不是大乘佛法的正轨。

从凡入圣,即先从事修而后入真悟,所悟的理是什么?这可安立为悟圆中与悟偏真的两种。上面曾说到,西藏传有二宗:(一)极无戏论,(二)现空如幻。天台宗也说有偏真与圆中两类。唯识家说真见道证真如而不见缘起,月称论师也不许可见道的悟圆中理,但他们皆以究竟圆悟中道为成佛。中国的三论宗,不承认大乘有偏真悟,悟即是圆中的,二谛并观的。考龙树

《大智度论》,是有偏真与圆中二类的,如说:“般若将入毕竟空,绝诸戏论;方便将出毕竟空,严土熟生。”由般若慧泯绝一切而不取相,即是悟真性;方便智从空出有,才能行庄严佛土、成熟众生的广大行。大乘的慧眼,即见道的实相慧,《智论》说:“慧眼于一切法都无所见。”此即与藏传的“极无戏论”相合。然论中也曾说:“慧眼无所见而无所不见。”这即泯绝一切而显了一切,显了一切而泯绝一切,即悟圆中的根据——此处龙树所依的《般若经》,与玄奘译不同。天台宗引《智度论》说:“三智一心中得。”依此说一切智、道种智、一切种智的三智,一念顿了即空、即假、即中,即是圆观圆证。考《智度论》卷二七原文,不是三智一心中得,是“一切智一心中得”。“道智是行相”,以道智得一切智一切种智,所以《智论》的“一切智”,指二智而非三智。二智如在菩萨位中,即道智,道种智;佛果一心中得,是一切智,一切种智。三智一心中得,或二智一心中得,姑且不谈,总之是圆证的。一心中得,龙树菩萨引述的解释,可有三说:(一)一心,还是有次第的,如一刹那中有先生后灭;依此,可解说为先般若智证真,后方便智达有。(二)一念心中得,虽顿得而用不妨前后起,即顿得而渐用。这是说:悟理时,不能说但得般若或但得方便。虽圆满证得,然慧的作用,可以有先侧重此而后侧重彼的不同。如一时得到多少东西,但可以前后使用,不必在同一时用。此有类于萨婆多部的或得而现前,或得而不现前。(三)一念中得,即可一念心中用。三论宗以为“发心毕竟二不别”的,从最初发心到最后证悟,是相应的、同一的;佛果既一心中得,菩萨也应该是圆观中道的。经中有处说:根本智证真如,后得方便智起化用,这是无差别中作差别说,约偏重说,是约顿得渐用说。所以初修观行,缘起性空是要圆观的;悟证时也必是圆悟的。三论宗否认大乘学者有见偏真的;但证偏真,是小圣的眇目曲见。西藏传有二宗——证偏空与圆中,但宗喀巴继承月称论师的传统,不承认有见道顿证圆中的,与唯识家说的根本智见真如略同。但以为缘起性空的无碍观,是初修行者不可缺少的正见;观空性是不能离开缘起而别观的,要于缘起而观察性空的。同时,性空也是不坏缘起的。这即有而空、空不碍有的中道观,是从初修到实证间的加行观。如实悟证时,必须破除众生的妄执实有性,所以必是离一切戏论的。我觉得:中观的修行者,不必自夸为圆证,或以为唯自宗能离一切戏论。总之,行者的悟证,首先要得空有无碍的正见。这是三论、天台以及藏传中观者所公认的。此时,若功德不足,方便慧不足,即证毕竟空性,极无戏论;若功德深广,方便慧善巧,即能顿悟圆中。二者同依空有无碍的正见,同得性空寂灭的法性,在修行的路径与目标,可说是同一的,不过因众生根性利钝不同,有但证偏真与圆中的差别。月称论师等不承认见道能顿见圆中,此即主但渐无顿。然藏传的宝铠《律生疏》,也分明承认有顿渐二机的。但渐无顿,与龙树《智度论·释往生品》显然不合。依龙树意,众生根性有利钝,有发心后久久修行始得无生忍的;有发心即得无生法忍,广化众生的;甚至有发心即得无生忍,现生成佛的。这种思想,见于大乘经的《入定不定印经》,龙树菩萨不过引用经义而已。但此所说的利钝二根,是以未证悟前有无积集福智资粮而分别。未广集福智资粮的,或悲心不充,即须长时修习始得无生法忍。有因过去广修众行,福慧圆具,悲心充沛,故一见佛闻法,即悟无生法忍,甚至有证得圆极的佛果。龙树以为释迦佛是钝根菩萨,七地得无生忍;由此可见钝根菩萨,即普遍而正常的大乘根性。利根是极难得的,是极少数的。故月称约一般说,但承认见道的极无戏论,也就是约大乘正常道说的。反之,天台、贤首家,发挥圆观圆证,不但非一般行者所能,而且也不能不说圆渐的修习。禅宗的祖师禅,本是主张一悟百悟而彻底圆满的;但结果也还是安立三关,次第悟入。故见道的圆证空有无碍是可能的,而事实是不易做到的。玄学家每轻视直证毕竟空寂,大谈理事无碍、体用不二,何曾知道实践的事实如何,不过徒凭幻想的或增上慢的错觉,和人争胜而已!

第二节　缘起空有

体悟中道,要先有缘起空有无碍的正观,这已如上所说。但于缘起正观的修习,从来的佛教界,有两大类:(一)《阿含经》等,要先于缘起因果、生死还灭的道理,有了深刻的信解,然后从缘起相有而观察性空。如经说:"先得法住智,后得涅槃智。"(二)大乘佛法以本性空为门,所以发心即观八不,如禅宗有先悟本来的主张。大乘佛法的发心即观八不,观诸法本不生,依中观者说,性空要于生死轮回——缘起因果中去了解,要从即空的缘起中去观察即缘起的空,决非离缘起而谈不生。若于缘起没有深刻的了解,悟解空性是不可能的,也必是不正确的,会发生极大的流弊。我在重庆,曾与太虚大师谈及:一般学佛者谈悟证，每以为悟得清净解脱，于因果事相视为无所谓，陷于“不落因果”的邪见。大师说道：普陀山从前有一田鸡和尚，极用功禅观，而每天必吃田鸡。别人责他不该杀生，他即答以：我一跏趺坐，即一切都空。但田鸡和尚到底是错的，一切皆空，为何吃田鸡的恶习不能空？我说：依《阿含经》意：“先得法住智，后得涅槃智。”修行取证性空解脱，必须依世俗而入于胜义，也即龙树菩萨所说：“若不依世谛，不得第一义。”田鸡和尚对缘起因果缺乏正确的胜解，所以不能即缘起而观空，不能在空中成立因果缘起，堕于邪见。他哪里能正见空，不过是落空的邪见。大师以为：确乎如此，但大乘者所以特地先修理观，因为生死轮回的因果道理不容易了解。如有相当禅定的体验，即使不能正确，也可以使之于因果缘起深信不疑。不过，弊从利生，一般从空而入，每每忽略缘起，流弊极大。关于这，佛法的正常道，应先于缘起的因果善恶得善巧，再依缘起而观空；或先观性空不碍缘起，即缘起而观性空。总之，“若不依世谛，不得第一义”。因此，《中论》的抉择道谛——二十六品、二十七品，详谈正观缘起，远离邪见。如离缘起而说修说证，必流于外道的窠臼，失去佛教的正宗。

缘起的相有与性空，试为分别地解说。先说缘起相。

泛论缘起，即“此有故彼有，此生故彼生”的相依相待的因果性。在广泛的缘起论中，佛法所主要的，即十二支缘起，依此说明生死流转的因果律与还灭的空寂律。生死的根本是无明，这是学佛者共同承认的。无明，即于缘起的道理——因果、性相等，不能如实了达而起错误的认识。此即十二支中初支的无明，以无明为根本而有生死流转的十二有支。障于实事真理的无明,即生死根本,烦恼的元首,为三乘所共断的烦恼,不是习气所知障。依中观者说:这即是十二支中的无明。如《七十空性论》说:"因缘所生法,若分别真实,佛说为无明,彼生十二支。见真知法空,无明则不生,此是无明灭,故灭十二支。"此说:执因缘法为实有性,即是无明,由自性的执著——无明为首,引生一切烦恼,由烦恼而造业,故有生死流转。反转来说,不执诸法有自性,悟解我法性空,即无明不生,无明不生即一切烦恼不起。如是,"无明灭则行灭,行灭则识灭,乃至生老死灭"。众生生死由于无明,破除无明即解脱生死。《中论》的《观缘起品》也如此说。所以十二缘起支中的无明,属烦恼摄,即执我执法的无明,不是习气,也不是所知障,佛与声闻都得破除它,方得解脱。有些经中,说萨迦耶见是生死根本。既说无明是生死根本,何以更说萨迦耶见是根本?生死的根本,哪里会有差别?要知道,无明不是一般的无知,是专指执著实有我、法自性的无知。分别来说,执法有实自性的,是法我见;执我有实自性的,是人我见,也即是萨迦耶见。无明是通于我法上的蒙昧,不悟空义而执实自性;萨迦耶见仅于生死流转的主体——人我执上说。凡有法我执的,必有人我执,离却人我执,也就不起法我执。故说无明为生死根本,又说萨迦耶见为生死根本,并不冲突。经论中又说"识"为生死根本,如于观察缘起时,说"齐识退还"。此识,指自体——五蕴的执取识,即无明相应识、萨迦耶见相应识。此义如《广百论》说:"识为诸有种,境是识所行,见境无我时,诸有种皆灭。"三界生死流转的种子——原因,是识。为甚么是识?识以境为所行境界，于境而执为实有自性，此执取识，即为生死根本。如于境而不起自性见，境的实有性灭，即执取识灭，即烦恼灭而生死可得解脱。此识非离无明而别有生死根本识，是识与无明或萨迦耶见相应的。无明相应识的著处，即是自性，佛于《阿含经》中即名此著处——自性为阿赖耶，说："众生爱阿赖耶，乐阿赖耶，欣阿赖耶，喜阿赖耶。"众生于认识境，心有所著，不了诸法缘起甚深空无自性，执诸法有自性。由此取著诸法识，说识为生死根本，实仍是彻底的缘起论，与唯识家无覆无记的本识不同。《六十如理论》说："宣说大种等，皆是识所摄。"《大乘二十颂论》也说："此一切唯心，安立幻化相，若灭于心轮，即灭一切法。"这在后期唯心佛教的潮流中，中观者也常提示此义，每为一般唯心论者所附会。然在中观者的正见中，推寻此项思想的来源，本出于《长阿含》的《坚固经》。地水火风四大，即五蕴中的色蕴。因识的取著境界，计为实有，起烦恼造业而生死轮回。若想解脱，须与我见相应的分别识不起，此识不起，烦恼即不生，烦恼不生即不造业，不造业即不感生死，由此轮回永脱。所以生死根本识，若约因果说，依无明业感而有生死，即惑业苦的因果论。约见相——能所说，即是执境为实有的识，凡夫不知诸法无自性，起自性执，这即是生死根元。约见相义或约因果义，皆可说识为根本，也即等于说无明是根本。同样的生死，根本也只有一，悟理解脱也必然同一。

唯心论，依龙树说，也不失为入道方便。说境唯心现，这因为众生偏执外境为实有，偏执主观的心识随客观环境而转。为针对此种偏执，使众生了达外境非实，故特地强调主观心识，这只是对治悉檀。若即此执为真实心或真常心，那不过是“梵王旧执”，婆罗门教的旧思想而已！

依缘起法而观空，中观宗说，于一切法中寻求自性不可得为空。空性是一，因观空的所依不同，有人空与法空之分。于有情身中我性不可得为我空，于其他一切法上自性不可得为法空。但我法可有二种：(一)我即自我，有情直觉自我为主宰者，自我的所依或自我的对象都是法。(二)经中所说的我与世间，也即是我与法。我指一一有情，有情为精神与物质——名、色和合而相续的存在者，即一般人所说的动物。有情所依的五蕴，与青、黄、赤、白，乃至山河大地等无情器界为法。这二种我法，所说的我义极不同。你、我、人、畜，都是有情，缘有情而起实有自性执，是人我见，又名补特伽罗我执。不得我空观的，对这凡是有生命的，都会生起此我执。但此我执不是萨迦耶见，萨迦耶见是专在自己身心中，直感自我的实在。对其他的人畜，虽见为实在的补特伽罗，不会生起自我的执见。故人我见与萨迦耶见，极为不同。佛法中所说的无我，主要在不起萨迦耶见。但有萨迦耶见的，必起补特伽罗我见；起补特伽罗我见的，如缘他补特伽罗，即不起萨迦耶见。萨迦耶见必依补特伽罗我见而起，所以《阿含经》说我空，也即观五蕴而说补特伽罗我不可得，也即能因此而破除萨迦耶见。补特伽罗的我执既无，萨迦耶见即失却依托而不复存在。要离萨迦耶见，必须不起补特伽罗我执。要想不起补特伽罗我执，也要不起法我执，所以经中观六处无我时，即明一一处的无实。大乘法明一切法空，而结归于“一切法尚空，何况我耶”？假名的补特伽罗，依假名的五蕴法而安立，所以悟得法无性,补特伽罗的自性见即随而不起。依假名的补特伽罗(间接依五蕴)引起取识相应的萨迦耶见,所以悟得补特伽罗无性,补特伽罗我不可得,萨迦耶见的我执也即无从安立。根本佛教注重远离萨迦耶见,与大乘的广明一切法性空,意趣完全一致。

《阿含经》说我空法有,此我,梵语为"阿特曼",有自在义和真实义。自在,约意识的作用说,即自由的,能任意地支配宰制,自主而不受其他所限的。所以"我"应是与其他无关的,是个体独存的。佛说:一切为因果相依的存在,为息息变异的存在,个体独存的自在——我不可得。从自在义,又得出不变义、真实义的特性,这是自我的定义。佛法说空,即是否定此真实、常住、自在的我。因为众生总是执有真、常、一的自在体——我,在生死中流转,为破众生此种见执,经中说我不可得,只有缘起法的蕴、界、处等。依空宗讲,这话并不错。蕴处界一切是虚妄的、无常的、待他的。无我,所以法是无常无我的如幻行;唯依世俗——假名而说业果身心,所以无我。无我我所,即胜义空;有业果缘起,即世俗有。但有些学者——有宗,即以为我无而法是实有,甚至部分的大乘学者,也说我是和合假有,而因缘法有自相,这才与《阿含》相违反。中观者说:从缘起的幻相上说,诸法固是假有,我也是假有。依五蕴和合相续而有假名我——补特伽罗,人格、个性、因果,都可于此安立。若从执有自性说,那非但补特伽罗我无自性,法也无自性。众生执一切法有自性,故说我无而法有;空宗说自性我法都无,幻现我法皆有,这仅是单复的说明不同。

我与法,即等于我与我所。(一)我与我所依住:我是依五蕴和合而安立的，我是能依（犊子、一切有部等，即依五蕴立我），五蕴即是我所依住，此我即顺于补特伽罗我义。（二）我与我所缘了：众生每以能认识者为我（经部师、唯识师等即依识立我），即能了的主观是我，主观所缘了的是我所。（三）我与我所执取：如说这是我的身体，我的茶杯，即以身体或茶杯为属于我的，身体或茶杯是我所，此我即约萨迦耶见的执取说。佛法说"无我无我所"，侧重于萨迦耶见。我与我所必不相离，如有我，即必有我所，有我所才会有我，无我也就不成其为我所了。由此可知，我的定义不但是真实、不变、独存，从有情的萨迦耶见说，特别是主宰义，主即需要自由，宰即需要支配其他的。自由自主而要统摄其他的，其他即是我所。换言之，依于实在、不变、独存的法我性，引起的绝对自由意志——萨迦耶见，为一切依自我为中心而发展的自爱、自慢、无限私欲的源泉，也即是生死的根源。悟了缘起，知一切为相待的缘起，变异的缘起，无性的缘起，仅为似一似常似有的人生宇宙；唯有在相对的、变动的缘起因果中，才有世俗假名的自由。离却实我见，即成无我智。我与我所相关，知我无自性，我所也即不可得。《中论》说："若无有我者，何得有我所？"这样，我空与法空，本是没有难易可分的。因为不悟依缘假有的性空，我空与法空皆不知；如能悟此理，那么观我即知我空，观法也能知法空。佛于经中多说无我，依声闻法而进一步地广明菩萨法，故依我空为比喻而明法空。但论中也每每先观法空，由法不可得而观到我也是空。法空、我空，二者的原理是一样的。

上面说过，于一切法上执有自性是法我见，于有情上执有自性是补特伽罗我见,于自身中执有自性实我——主宰性的为萨迦耶见。三者是有相关性的,根本错误在执有自性。如执补特伽罗有自性,由此即有萨迦耶见生;如执法有自性,我执亦不会没有。故龙树说:“乃至有蕴执,尔时有我执。”如真能通达自我不可得,则无我即无我所,法的实有性也就破了。小乘不广观一切法空,直从补特伽罗我知空。虽然是单刀直入,但由于悲愿不深,世俗的智慧不充,所以每滞于实有真空的二谛阶段。但约悟证的胜义慧说,空性是平等的,不执我自性,也决不执法有自性;若执法有自性,那必是未能真知无我的。依《中论》说,初令菩萨广观法空,然后归结到我空,以观无我我所为证入空性的不二门。因为若宽泛地广观法空,不能反求诸己,能所的知见不易泯除,故必须返观自我本空。由此可见《中论》与《阿含经》义是怎样的相符顺。

观察修习时,不妨我法别观。如何观察无我?经说我依五蕴而有,常人虽种种执我,而假我是不离五蕴假合的身心的。所以观我性空,须在五蕴的和合相续中观察。此可分为总别的两种观察:别观,即是于色受等上各各别观:如观色是我吗?受到识是我吗?总观,即是于五蕴和合上,总观无我。《阿含经》常作三种观:(一)色(五蕴之一)不即是我,(二)不离色是我,(三)色与我不相在。不即观,如说色不是我,以色无分别而我有分别,色不自在而我自在,色是无常而我非无常。不离观,如以我为如何如何,我是不能离色等而有的。不相在观,如观我不在色中,色不在我中,这仍是对治从执离中分出来的。如说:我不即是识,也不能离识,但识不是我,或说识在我中,或说我在识中，不即不离，相依而实不即。对治此“相在”执，即作不相在观。此三句，或分为四句：（一）色不即我，（二）不离我，（三）色不在我中，（四）我不在色中。一是我见；后三是我所见。约五蕴说，即成为二十种我我所见。《中论》多用五求破，即于四句外更加一句：色不属于我。有的众生，执著色——或受乃至识——属于我，也即为我所有的。这不过因众生的执著，建立种种破除我执的观门。月称论师更增加到以七法观我空：即一、离、具支、依支、支依、支聚、形别。前五与即、离、相在、相属大同，另加支聚与形别而成七。我，并不是眼等的聚积，聚是假合不实在的，不能说聚是我。聚法有多种：如木、石、砖、瓦等随便聚起来，不见得即成为屋，所以众生于五蕴聚中，也不应执聚为我。于聚执我不成，于是又执形别是我，如说，房子须依一定的分量、方式积聚，才成为屋子，故于此房屋的形态，建立为房屋。但眼等和合所成的形态差别，不过是假现，假现的形态，如何可以说是我？如以某种特定的形态为我，如失眼、缺足、断手的残废者，岂不我即有所缺？如有实我，我是不应有变异差别的，故不能以形态为我。月称论师的七事观我，是依经中所说的三观、四门、五求推演而来。

月称论师以观车为比喻，说明观蕴无我。在说明无我即无我所时，月称以烧车为喻，如说烧车，不但车不可得，车所依的轮轴等也即不可得。这样，我空，即我所依住的五蕴也空。但这是不很善巧妥当的！试问：何不以拆车为喻？将轮辕等拆开来，车子是不存在了，可是轮、辕、柱等不能说也没有。这样，别观五蕴而我不可得，哪里能即此成立我所依的五蕴也空呢？如依假有幻现说,此即非观察自性所能破,假法是不可以破坏的。假有的车相,可以因拆离——因缘离散而不现;但焉能因此而没有假有的轮、轴、辕相?以车为喻而说我不可得,这是约不悟车为因缘的依存假有,所以从车的因缘离散而说车无实体可得。这是无车的实性,有假名的因缘。《阿含经》以法有明我无,应作如此说。不悟补特伽罗我假名有,起人我见,因而引起萨迦耶见,执我我所。如能达补特伽罗我性空,即不起萨迦耶见,也自然不执我所依我所取的我所。约此意,所以不执我,法执——我所也就不起了。不执我法实有自性,实执破除,即不起烦恼、造业、受果,幻现的生死流转也即能寂灭。

说到法空,观一切法不可得,《中论》以观察四生不可得为发端。同时,菩萨(声闻若断若智,也是)悟证也名无生法忍。无生,即含得无灭。但大乘重在不生,即观现前的诸法不生,由此可证法空。这也是从涅槃义引生得来,涅槃的寂灭义,生死的后有不起,得尽智、无生智,也即得涅槃。大乘达一切法本来自性涅槃,故通达无生,即知一切法本来不生。大乘重不生,而《中论》亦以四生为主要的观门,如《中论》详说。

观察诸法空无生性,即寻求法的自性不可得。自性以实在性为根本,而含摄得不变性、独存性。所以观察法空无生,也应从无常性、无我性而观非实有性,即能入空无生性。观察自性不可得的下手方法有二:(一)无常观,知诸法如流水灯焰:一方面观察诸法新新生灭,息息不住;一方面即正观为续续非常。由此无常观,可以悟入空义,通达一切法空性。(二)无我观,观一切法如束芦、如芭蕉:束芦,此依彼立,彼依此立,彼此相依不离,无独存性。又如芭蕉层层抽剥,中间竟无实在性。经中每以此等比喻,说观缘起诸法性空。观察法空,即在一切法的相续和合中,观自性了不可得,即能依此离一切妄执而自证。《中论·观法品》说:“若法从缘生,不即不异因,是故名实相,不断亦不常。不一亦不异,不常亦不断,是名诸世尊,教化甘露味。”从相续和合中了解无常——不断不常,无我——不一不异,即是拔除自性执——真、常、一的根本观。体证到生无所来,去亦无所至,顺入法空寂灭性,此即释迦教化众生解脱生死的唯一甘露味。要悟证性空——寂灭,必须从缘起的相续和合中观察,故佛说:“要先得法住智,后得涅槃智。”后代的某些学者,不知即相续和合以观察体证不常不断、不一不异的无自性空,每堕于静止的、孤立的,即不离自性妄执的观察。结果,不落多元的实在论,即落于玄想的真常论。依《中观论》义,不但广泛地从相续和合中现观一切法空,更应胜解一切法空而反观自我(不但是内心),观无我无我所。如《中论》说:“若无有我者,何得有我所?灭我我所故,名得无我智。”若但观法空,易起理在我外的意念,故必须从法空而反观到我空。以我性不可得,故离法执而离我执,由是萨迦耶见不起,无我无我所。《金刚经》先明法空,也即是此义。生死的根源,即无明,或萨迦耶见,或识;必审观无自性而离此颠倒戏论,始有解脱分。

观慧依于禅定,禅定依于戒律,三学是相依(即增上)而后能得解脱。大乘学者,尤应以菩提愿为依,大悲心为本,真空慧为方便,广行无边大行,积集无量福德智慧资粮,才能圆修止观加行而顿入空性。这些,别当解说。

第十二章　空宗与有宗

现在略谈空宗与有宗,作为本论的结束。

中观宗又称为空宗,因为它是深刻发挥空性的,以一切法空为究竟了义的,以空有无碍为本宗的特色。称唯识等为有宗。有些学者,以为佛法是一味的,没有空有的差别。有以为佛法虽有空有二宗,而实际是共同的。特别是中国学者,采取调和的姿态,大抵说空宗与有宗是无诤的。论到空与有,我也觉得是无诤的,释尊的教法是一味的,以缘起安立一切法,以解脱为究竟。究竟的真理,当然是一致的。然而,佛虽没有替有宗、空宗下过定义;尽管佛法是一味的,空有是无碍的,而事实上,印度确有空宗与有宗的存在。这不但大乘佛法有空有二宗,即声闻学派中也是空有对立的,如毗昙与成实。二千余年来的佛法,空有两大系始终是存在的,这是一种事实,任何人也不应该否认它。所以我们不应以佛法是一味的,即抹杀此种事实,二千余年来的空宗与有宗,虽是互相融摄而终于彼此相拒,这必有它的根本不同处,否则为什么会有此纠葛不清的对峙现象?空宗与有宗,彼此相互摄取对方的善巧而融贯它,印度如此,传到中国也如此;但无论如何,空宗与有宗的差别是存在的。此空有二宗的根本不同处，应该深刻地去认识它，不应该模棱两可地“将无同”地去融贯它。

佛说有也说空，说事相也说理性，于空有、事理、性相，应该是相应的、协调的、融合的，而不是对立的、脱节的。佛陀以后，佛弟子都融会空有、性相、事理，但因或有所偏重，渐渐现出不同的形态来！佛法既然是一味的，则空有、性相等在此一味的融贯上，是可有相对的侧重而不应该脱节的。若有了彼此不相融贯的现象，则空有、性相等间，必有其脱节处。这如不是两方面都错，那必是其中的一面不对！还有，大小乘佛法，无不说性相、空有、事理的，对于空宗与有宗的分别，不要以为有宗就只说有而不谈空，空宗不谈有而只说空，也不要以为空宗与有宗都谈有空而就没有空宗与有宗的差别。

后世学者以中观的胜义空为空宗；以说胜义一切空为不了义的是有宗。但从全体佛法中的空有相对侧重去看空有二宗，空有之诤，如一般哲学上的唯心、唯物之争一样。如某一唯物论者，有人批评起来，某些地方不能彻底的唯物，还是唯心的。唯心论的哲学家，有些地方也不能彻底的唯心，也有接近于唯物的。佛法中的空有二宗，也有这种的倾向。所以可作如下的解说：一切外道是有宗，佛法是空宗。因为出世的佛法，必是符合于三法印、三解脱门的。外道是有我论的，佛法是无我论的，说一切法归于空寂，这是佛法与外道的不同处。不但大乘法如此，声闻法也如此，所以《法华经》称佛陀为“破有法王”。又佛法有大乘小乘，可以说小乘是有宗，大乘是空宗，此与前一对意义多少不同。凡是大乘，都是说一切法空的，至于说空是了义或不了义,那是大乘学者对于一切法空进一步的抉择。大乘佛法的基本论题,是一切法本来不生,本性空寂,这是遍一切大乘经的。声闻佛法对此说得很少,所说的也不大明显。声闻的常道,是侧重于缘起的事相,多发挥缘起有而说无我的。有一分小乘学者,因此执法为实有。故大体上,可说是小乘谈有,大乘说空。中观者不承认声闻乘执有,或决定不了法空,这里不过是依学派的各有偏重而说。唯识学者曾分小乘学派为六宗:从我法俱有宗到第六诸法但名宗,即空义的逐渐增明,渐与大乘空义相邻近。中国地论学者也分为四宗,说到毗昙有与成实空。这可见空有二义,单在小乘学派中也是存在的。此小乘六宗,不是渐次进化到如此的,是古代学者将发展的学派,从空义浅深的观点而组成如此次第的。这样,声闻乘对外道,声闻乘是空宗;若声闻乘对大乘说,则可称为有宗。在声闻佛法中,如法无去来宗对法有我无宗,空义增胜,但望于诸法但名宗,那仍是多说有。这些,都是在相对的比较下,有此空有的阶段不同。在大乘一切空义中,又转出三大系统来:或说遍计执无,依圆是有,如虚妄唯识宗。以妄执是无,事理是有,所破除的一切妄执,比起声闻乘来广大得多。进一步,如真常唯心论者,则说一切事相都是虚妄的,虚妄即是空的,依他起法也空,较之唯识空义又增胜了。但若以中观的空宗来说:世俗谛法,一切皆有;胜义谛中,一切皆空。说假有则一切无非假有,就是涅槃也如幻如化;胜义说空,则一切法皆空寂。到此,空义才臻于究极,也才算是空到家了。但在胜义空宗中,承认一切皆空而于世俗谛中许是实有的中观者,如清辨论师等,还带有有宗气息。必须说世俗一切假有,这才是彻底的空宗。

依此差降层次，相对地安立有空二宗。但真正彻底的空宗，那唯有中观者，唯有确立二谛都无自性的中观者。

有宗，也还是说空的，它所以不是究竟的空义，不合于中观的了义，这可以从各宗派明空的方法去了解，即可以看出他们口口说空，而实在是念念不空的思想。今举例说明：如萨婆多部是法有我无宗，何以我是无而法是有？所以说有或说无的理，是依于认识论而说的。凡是事相与理性（事相方面的因果法；理性方面的如不生不灭的涅槃等法），或心与境，这些都是可知境；凡是可知的，即是实有的，确实如此，任作若何的分析，这些法的自相是不失的。故事理、心境等，一切皆是实有的，即胜义有。依胜义有而相续、和合有的，是世俗的。这都是有的，不能说空。但在认识这有为、无为的一切法时，有因为认识错误，有错乱的行相现起，于此错乱行相的执著为如何如何，这是没有的，是空的。如萨婆多部以色、香、味、触、地、水、火、风等八微和合而有瓶、柱等，以为能成瓶等八微是真实有，八微所现起的瓶柱等是假有。此假有的瓶、柱，也不应是空，因为假是依实立的，假有是用，用是不离体的，所以胜义是有，世俗也是有。若人不知瓶等是和合相续的，将瓶等看作是整个的、不变的，这是认识的错误——行相错乱，此行相错乱所执的，才是没有的。如说我是五蕴和合而有的，五蕴是胜义有，依胜义的五蕴而建立假有的补特伽罗我。若于补特伽罗的假有法，执为常、一、实在的我，这种错误认识的我，才是应该破除的。这种明空的方法，只能破除小部分的执著。故萨婆多部所说实有、假有，都是不可空的，空的仅是主观认识的错误。这样的空，仅是心理的误觉，而与心境事理无关。

进一步,如唯识宗的空。他信受一切法空性,但此空性是依于依他有法远离遍计所执而显的,此空性是胜义有。唯识者是不同于小乘的。有为法的心、境中,如萨婆多部所说,于境上所起的错乱行相,当然是没有的。认识上的境相,如不了解心境的关连,不知道境不是离心而独立的客观存在,有此心生有此境现的,这种现似外境,也是空的。唯识家的意思,不单是有此孤零零的心,境是以虚妄分别心为自性的,这种不离心的境,也是有的,属于缘起的因果,不可说空。若现有离心而外在的境,这是遍计所执,是应该空的。甚至说离境而有实在的心,也是错乱的、空的。唯识者的空义,比起萨婆多部来,范围是更广大了。所空的内容,不但行相的错乱是空,即现起的境界,好像是有安定的、实在的、离心独立的自体不空,而实是惑业熏习的妄现。此现似外境,萨婆多部以此为真实有的,唯识宗即不计为实。护法论师以七识的执著我法为遍计所执,是空的。其实,心生时似义显现,在心识中有实在境相显现,自然地如此显现,这即是遍计所执,非破除不能解脱。唯识者说境空,或说离心的外境是空,是空有隔别的,说境空即等于没有,而缘起的事实,使他不能不承认不离心的现境为不空。所以他说现似外境空,即同时承认唯心的内境不空;说是遍计执空,即说依他的心识不空。即使说,若执著唯识也是可空的,但此心空,是对境而说的心,指别体的能取心,即行相错乱而妄执心为离境的心。这虽是空,而同时即承认虚妄分别有的心识是不可以空的。唯识者尽管说空,终于是此空彼不空,说此空而反显彼不空;由于彼不空,才能成立此为空。即有即空的自性空,唯识学者是从来不曾理解过的。

真常唯心论者,所讲的空更扩大了！执境、现似心外的境,固然是空的,即虚妄分别心也说是空的。虚妄分别心的所以是空,对清净的本体或真心说。真常心不与虚妄相应,即使有虚妄相显现而仍是不为妄心所染的。无为本体不与妄染相应,有时也说它是空。空是离妄染的意义,实则真如法性心是诸法的本体,有一切真实功德,是不可说它是空的。虚妄心是后起的,属于客,是可以没有的,故说妄心是空。虚妄唯识者,不能抹煞境相的缘起性,所以虽说境空而又立唯心的内境不空。照样的,真常唯心者,哪里能抹煞缘起的心识事实？所以虽说妄心空而又立真心不空。依他说:随境而转的虚妄心,从随缘而流散边说,虽不离真心,而是可以也是应该空掉的。此心随染而不失自性的,即心与理冥而相应的,是照而常寂寂而常照的真心,此不可以说空。否则,缘起的心相、境相即无从说起。真常唯心论者与虚妄唯识论者所说虽不同,依此法不空而说彼空,并无差别。

上来所列举的三家,对于空义的解释各有不同:萨婆多部说执境为空。唯识者则不但以行相颠倒的执境为空,即现似所取,好像实有离心的所取境也是空的。真常唯心论者,不但承认执境及似义显现的外境是空,即唯识不以为是空的虚妄杂染心,也说是空的。三家的空义有广狭,但他们总认为此是空而另有不空者在。如萨婆多部说执境是空,而现前的外境不空;唯识说似离识现的境是空,不离于心的内境不空;真常者则说妄心也空而清净本体不空。三家的空义虽逐渐广大,然总觉有一不空者在,依实立假,依不空立空——“执异法是空,异法不空”。他们的立足点、归宿处，是实有、真有，所以这三家称之为有宗。

空宗与有宗不同，在说此空时，即说此是有，并不以为另有什么不空的存在。这种思想，源于如来的自性空，在小乘学派中早就有了，不过不贯彻不圆满罢了！如大众部、经部等，说过去、未来法是无，幻化无，影像无等。他们所说的"无"，不是说没有这回事。做梦是一种事实，不能说它没有，但梦中所现的一切事，不是实在的一回事。说梦中没有实在的自性事，不是说梦事也没有。萨婆多部以为假有并不是什么都没有，无自性的假有还是有的。以为假有法无有自性，但假有必有一实有为依，才有假有的呈现。如胜义有与世俗有，萨婆多部也主张不是截然的两体。因此，他说梦是实有的，如见人首有角，人与牛马等角是真实的，不过行相错乱，以为人首有角而已。经部师等，说梦幻假有无实，即承认此是无实性的假有，如梦中人首有角，哪里有有角的人，这是无的。但梦事非都无，不过是无自性的假有罢了！经部师们，在某些事象上，虽也达到无自性而假有的理论，但不能扩充到一切法上去。大乘根本中观宗等，从空相应的缘起义，了知一切法都是无自性的，无自性不是什么都没有，无自性而缘起法还是可以建立的。无性而可得可见的幻有，彻底地通达了现相与本性的中道。这样的说空，不是另外承认有不空的实在，这是空宗与有宗的差别处。空宗是直观因缘法的现而不实无实而现的，由此达到一切法空，一切法假。空宗以胜义空为究竟，其归宗所在是毕竟空。此空，不是有空后的不空存在，也不是都无的顽空。总之，不论小乘大乘，依有宗讲，不论空得如何，最后的归结，还有一个不空的存在，不能即空而说有。所以观察空义，应细察他是如何观空和最后的归宿点何在。空宗与有宗的诤点在此。凡佛法中的诤论，如假实之诤、法有法空之诤、中观与唯识之诤等，诤点无不在此。要融贯空有，必须在此辟出一条通路来，不能盲目地、徒然地作些泛泛的融会，自以为然的无诤。空宗与有宗的主要分歧点，今于本论特地指出来，希望空有同宗的学者，加以深切的思考！

中華書局

初版责编　陈　平